인문학으로 떠나는
인도여행

인문학으로 떠나는 인도여행

글 · 사진   허경희
펴 낸 곳   인문산책

초판 1쇄   2010년 1월 20일
초판 3쇄   2013년 1월 20일
개정판 1쇄   2018년 6월 5일

주   소   경기도 파주시 화동길 445-4, 401호
전화번호   031-955-9907
팩   스   031-955-9908
이 메 일   inmunwalk@naver.com
출판등록   2009년 9월 1일

ISBN 978-89-98259-27-3 03910

값 16,000원

이 도서의 국립중앙도서관 출판예정도서목록(CIP)은 서지정보유통지원시스템 홈페이지(http://seoji.nl.go.kr)와
국가자료공동목록시스템(http://www.nl.go.kr/kolisnet)에서 이용하실 수 있습니다.
(CIP제어번호: CIP2018015785)

인문학으로 떠나는

인도여행

글 · 사진 허경희

인문산책

차례

3. 첫 번째 인도여행 :
역사와 문화 속으로

4. 두 번째 인도여행 :
성자의 강을 따라서

인도 각 주 명칭

아프가니스탄

잠무-카슈미르 주

중국

파키스탄

히마찰 프라데시 주

펀자브 주

우타라칸드 주

티베트

하리아나 주

○델리

네팔

아루나찰 프라데시 주

시킴 주

부탄

아삼 주

나갈랜드 주

라자스탄 주

우타르 프라데시 주

비하르 주

메갈라야 주

방글라데시

마니푸르 주

자르칸드 주

트리푸라 주

미조람 주

구자라트 주

마드야 프라데시 주

서벵골 주

미얀마

차티스가르 주

오디샤 주

벵골만

마하라슈트라 주

안드라 프라데시 주

인도양

고아 주

카르나타카 주

아라비아 해

퐁디세리

케랄라 주

타밀 나두 주

스리랑카

다람살라

쿠트브 미나르

후마윤 묘

시킴

파테푸르 시크리

아그라 성

타지마할

다르질링

실롱

자이푸르

산치

카주라호

바라나시

보드가야

엘로라

아잔타

코나락

콜카타

엘레펀트 동굴

뭄바이

하이데라바드

함피

고아

첸나이

코친

마말라푸람

칸야쿠마리

퐁디셰리

야누스의 얼굴을 한 인도의 매력과 도전

인도는 분명 영감과 도전이 넘치는 매력적인 나라이다. 다양한 문화·종교·인종·언어를 가지고 있는 인도는 인류 역사 발전의 처음과 최첨단을 보여주는 방대한 나라답게 하나의 틀로는 설명할 수 없다. 무엇보다도 인도인들의 사고방식과 행동방식을 이해하기 위해서는 다양한 시각이 요구된다. 이렇듯 다양한 시각을 요구하는 인도 여행은 독특한 매력과 함께 위험이 도사린 야누스의 얼굴을 하고 있다. 그것은 어린아이의 순진함으로 다가오는가 하면, 이내 얼굴을 바꿔 독을 품은 독사와 같은 얼굴이 느껴질 때도 있다. 아마도 이 야누스의 얼굴이야말로 인도의 속성일지 모른다. 그리고 이러한 속성은 인도를 처음으로 방문하는 이방인들에게 두려움을 불러일으키는 이유이기도 하다. 그래서 우리는 인도여행을 떠나기에 앞서 하나의 불문율을 암기하곤 한다.

"인도에서는 아무도 믿지 마라."

E. M. 포스터 원작의 《인도로 가는 길A Passage to India》은 나와 다른 문화와 가치관을 이해한다는 것이 얼마나 어려운지를 보여주는 작품이다. 데이비드 린 감독은 이 작품을 아름다운 영상으로 옮겨 다시 한 번 많은 관심을 이끌어낸 바 있다. 작가는 영국 식민지 당시 인도 청년 의사와 영국 여성 사이에

서 일어난 오해를 통해 두 문화가 가지고 있는 문화적 차이를 극명하게 보여준다. 두려움의 감정에서 비롯된 오해는 결국 이해되지 못한 채 현실적 논리로 끝나버리고 마는 결말을 보여주는데, 이는 바로 나와 다른 문화를 이해한다는 것이 얼마나 어려운지를 잘 형상화한 것이다.

하나의 가능성이 있다면 그것은 시간에 맡겨보는 것이다. 밝은 곳에 있다가 깜깜한 극장 안으로 들어갔을 때 우리는 눈의 착시 현상을 느낀다. 한참동안 아무것도 보이지 않다가 시간이 지나면서 비로소 주위의 사물들을 인식하는 것처럼 인도는 시간과 함께 서서히 인식되는 나라다. 그래서 오랫동안 인도에서 살아온 인도인들은 항상 이방인들에게 다음과 같은 충고를 아끼지 않는다.

"시간을 가져라."

나와 다른 문화는 우리에게 많은 것을 느끼게 한다. 나의 인도여행 역시 많은 다른 인도 여행자들이 말하는 것처럼 넘치는 느낌과 영감을 받은 여행이었다. 굳이 여성과 남성이라는 이분법적 사고방식을 가지고 싶지 않지만, 미지의 세계를 여행하게 되면 종종 그 한계의 벽 앞에 설 때가 있다. 그럴때마다 여성 여행자들은 이 세계가 얼마나 남성 위주의 세계인지, 그 세계속에서 여성들이 얼마나 억압받고 있는지를 느끼게 된다. 그래서 남성 여행자들이 '자유'를 이야기할 때 여성 여행자들은 '변화'를 이야기하게 되는 것이다. 결국 여성의 문제는 항상 남성의 문제와 함께 이야기될 수밖에 없다. 분명 나의 시각은 남성 여행자들이 느끼는 시각과는 또 다른 여성 여행자의 시각이며, 동시에 이것은 좀 더 변화해야 하는 세상을 향한 작은 내면의 목소리이다.

이 글은 인도가 주는 카오스의 강렬한 이미지에 대한 내적 전달의 요구에서 출발했다. 카오스의 이미지는 나에게 강한 감정을 불러일으켰고, 그 강한 감정으로 인해 나의 사고는 계속해서 냉정해야만 하는 모순 속을 헤매었다. 결국 그것은 나에게 인도를 바라보는 시각을 제공해주는 계기가 되었다. 동양적 감수성을 유지하면서 서양적 분석의 틀이 요구되는 일종의 타협이 필요했다. 즉, 이국적 풍경을 접하며 느낀 개인의 감성적 정서와 함께 타인의 문화와 예술에 대한 역사적 배경의 이해를 위해 이성적 분석이 필요했다. 이러한 시소 타기를 통해 아직도 과거의 전통을 유지하는 인도의 오늘과, 오늘의 모습 속에 숨어 있는 과거의 영광과 상처를 보고자 하는 이방인의 시각을 유지했다. 타인의 삶과 문화를 완전히 이해한다는 것은 불가능하다. 오히려 이해하려고 노력하는 속에서 이방인의 시각이 얼마나 냉정한지를 느꼈을 뿐이다.

오늘날 많은 젊은 여행자들이 인도를 찾고 있다. 과거 70년대의 유럽인과 80년대의 일본인이 물질적 풍요가 가져온 정신의 피폐함을 반성하면서 인도를 찾았을 때처럼 지금 우리 역시 물질의 풍요 속에서 진정한 정신의 휴식처를 찾고 있는지도 모른다.

모든 이국에 대한 여행이 그렇듯이 그 나라의 역사와 문화에 대한 진지한 이해 없이는 결코 한 나라를 이해할 수 없다. 한 나라에 대한 이해 없이 우리는 세계를 볼 수 없다. 세계를 보고자 하는 것은 결국 세계 속의 우리를 보고자 하는 것이다. 그것은 또한 나 자신을 이해하기 위한 것이다.

인도의 고대 우파니샤드 철학은 눈을 안쪽으로 돌려 참나(眞我)를 보는 것이야말로 현명한 사람이라는 가르침을 들려준다. 진정한 인식이란 다름 아닌 자기 성찰의 과정 속에 있는 것임을 강조한 말일 것이다. 비로소 나는 인도 속에 있는 나 자신을 바라보며 나에게 이렇게 묻는다.

"나는 누구인가? 나는 너에게 누구인가?"

    인도의 구석구석을 여행하며 다양한 삶의 모습 속에서 나는 계속 이 질문과 맞닥뜨리고 있었다. 나를 찾아 떠난 여행에서 나를 비우는 여행이 되기까지 나는 이 질문과 치열한 싸움을 전개했다.

    나를 찾기 위한 여행이란 결국 여행의 끝이 나 자신으로 돌아와야 한다는 결론을 가지고 있다. 오랜 여행을 통해 내가 두려웠던 것은 아마도 이것이었을 것이다. 내가 나 자신으로 돌아오지 못한다면 어디로 가야 할 것인가 하는 자기 정체성에 대한 불안감이 나를 계속해서 괴롭혔다. 다행히 나는 우리에게 희망이 있음을 보았다. 그래서 여행의 끝에 어디에나 존재하고 있지만 미처 깨닫지 못한 사랑과 우정을 통해 다시 희망을 이야기하게 된다. 힘들고 외롭고 쓸쓸할 때 내 옆에서 함께한 사람들. 그들은 사랑과 우정이라는 이름이었을 것이다. 그것이 얼마나 소중한 가치였는지를 느끼며 그들 곁으로 돌아와 비로소 나의 인도여행 이야기를 시작한다.

1

타자와의 소통

··· 낯섦과 거리감을 넘어서 ···

문학적인, 너무나 문학적인
문학 텍스트로 존재하는 힌두교

인도는 우리에게 힌두교와 카스트Caste가 지배하는 나라라고 알려져 있다. 인도에서 이 독특한 종교와 사회제도를 수립한 인종은 아리아족이었다. 그들은 선주민인 드라비다족을 남쪽으로 몰아내고, 아리아족의 인종적 우월성에 기반한 종교와 제도를 수립했다. 그리고 이 종교와 제도는 몇 천 년이 흘렀음에도 오늘날까지 유지되고 있는 것이 인도 사회의 특징이다.

힌두교는 다른 종교와의 타협을 철저히 거부함으로써 강화되었다. 이러한 종교적 전통은 힌두(힌두교를 믿는 인도 또는 인도인을 일컫는 말)들에게 타민족과 인종에 대한 배타적 우월의식을 심어놓았다. 그러나 힌두에게 종교적 경전은 없다. 힌두교는 성서나 코란 같은 종교 텍스트를 통해 존재하는 것이 아니라 문학 텍스트를 통해 접근이 가능하다.

텍스트가 존재하는 나라. 그 텍스트 속에서 전통을 유지하고 변화시키는 나라. 문학이 문화가 되고 종교가 되고 삶이 되는 나라. 한 마디로 고전을 가지고 시대에 맞게 제목과 표지만을 바꿔 출판하는 시스템을 고수하고 있는 것이다. 결국 외형적 현실만으로 인도를 이해할 수는 없다. 많은 은유와 상징 코드가 복잡하게 얽혀 있는 미스터리 책처럼 처음부터 끝까지 행간을 읽어야만 비로소 그 내용을 이해하듯이 인도라는 텍스트는 아주 생소하고 어렵지만 흥미로운 책이다.

최초의 텍스트는 기원전 1500년에서 1000년 사이에 형성된 《리그 베다 Rig Veda》에서 시작한다. 이 텍스트는 베다 시대 아리아인들의 삶을 보여주는데, 그들의 종교적 태도는 다신교의 숭배이다. 전쟁과 승리의 신 인드라 Indra, 세계질서를 주관하는 바루나 Varuna, 불의 신 아그니 Agni, 태양의 신 수리야 Surya 등과 같이 자연신이나 인간의 속성을 가진 인격신 그리고 동물신 등을 믿었다. 그러나 후기 베다 시대(BC 1000~600)에 들어오면 베다의 지식을 독점한 브라만 계급의 출현과 함께 브라만교가 발생하고, 후에 토착 민간신앙과 결합하여 힌두교로 계승된다. 《라마야나 Ramayana》, 《마하바라타 Mahabharata》, 《바가바드 기타 Bhagavad gita》는 힌두교의 종교적 형성을 보여주는 중요한 텍스트들이다.

질서와 무질서를 관장하는 보호의 신 비슈누 (엘로라, 7세기)

20세기 인도 최고의 정신적 지도자였던 마하트마 간디는 《바가바드 기타》를 힌두교 최고의 경전으로 받아들였다. '신의 노래'라는 뜻의 '바가바드 기타'에서는 브라마 Brahma를 힌두 신 중 가장 위대한 신의 자리에 위치시킨다. 브라마는 우주를 창조한 창조의 제왕이자 신의 아버지로 불린다.

시바 Siva는 파괴의 신으로 죽음과 시간의 화신이다. 또한 시바 사원에서 항상 볼 수 있는 곧추선 남근(링가Linga) 상은 풍요의 신으로서 그의 상징적 힘을 나타낸다. 한편, 춤추는 시바 상은 역동적 신의 모습을 보여주기도 한다.

비슈누 Vishnu는 자비와 선의 구현이고, 우주에서 질서와 무질서 사이의 조화를 관장한다. 그러므로 그의 타이틀은 '보호의 신'이었다. 시바 신과 마찬가지로 비슈누 또한 많은 다른 화신avatar을 가지고 있는데, 힌두들은 부처도 비슈누 신의 화신이라고 믿는다. 힌두에게 비슈누는 우주의 근원이다. 그의

배꼽으로부터 창조의 신 브라마가 탄생했다. 이것은 인간 영혼이 영원히 계속된다는 믿음을 나타내는데, 죽음 후 영혼은 다시 새로운 형태로 대지에 태어난다는 것이다. 여기에서 환생은 카르마 Karma라는 윤회 원리에 의해 지배된다. 카르마에 따르면 모든 사람의 위치는 '뿌린 대로 거둔다'는 전생의 행위에 따라 지배된다. 이러한 믿음은 신이 모든 것을 지배한다는 신의 섭리에 대한 사상이나 이미 모든 것이 예정되어 있다는 이론을 받아들이지 않는다. 무엇보다도 인도인에게 중요한 것은 도덕적 법칙이다.

비슈누의 배꼽으로부터 탄생하는 창조의 신 브라마

춤추는 시바 상.
시바의 또 다른 이름은 나타라자(Nataraja)이며, 파괴의 신으로서 죽음과 시간의 화신이다. 이 시바 상은 우주 창조의 활기찬 과정인 화염의 바퀴에 둘러싸여서는 한 쪽 발로 연꽃을 받치고 있는 작은 악마를 밟고 있다.

　　이 믿음은 네 계급을 기본으로 한 카스트 제도에 정당성을 부여했으며, 여기에는 각 계급의 신에 대한 의무가 명시되어 있다. 카스트 제도는 베다 시대에 처음으로 나타나서 오늘날까지 인도인의 삶과 의식을 지배하고 있다. 이것은 이론으로는 잘 설명되지 않고 인도인과 부딪혀가면서 느끼게 되는 그들만의 독특한 문화이다. 마치 외국인이 우리나라에 살면서 터득하게 되는 우리만의 독특한 언어에 대한 느낌과 같은 것이라고 할 수 있다.

　　카르마와 카스트는 씨줄과 날줄처럼 이어져오면서 오늘날 복잡한 인도 사회를 형성한다. 이것은 우리와 다른 삶의 방식을 살아가는 인도 문화의 독특성을 이루는 신비의 요소가 된다. 인도의 신비한 마력이란 바로 나와 다른 타자로서 존재한다는 데 있는 것이 아닐까. 그 신비가 우리를 때때로 미쳐버리게 만드는 것이 아닐까.

독화살에 심장을 빼앗긴 여자
말할 수 있는 것과 말할 수 없는 것

수디타라는 친구가 있다. 자기 주장이 강한 그녀는 도전적인 인텔리 여성이다. 쏘는 듯한 강렬한 눈빛을 가진 그녀가 어느 날 어둡고 슬픈 표정에 휩싸여 내가 머물고 있는 기숙사를 방문했다. 그녀는 어느 누구한테도 말할 수 없는 답답한 가슴을 안고 나를 찾아왔던 것이다.

그녀는 사랑에 빠졌다고 조심스럽게 나에게 말해주었다. 그것도 단단히 지독한 짝사랑에 말이다. 자기와 카스트가 다른 한 브라만 남자를 사랑하게 된 것이 문제였다. 자신의 카스트가 너무나 낮기 때문에 어찌 해볼 도리가 없다고 말하면서 그녀는 또 한 번 슬픈 감정에 휩싸였다. 생각해보나마나 결론은 그를 잊어야 한다는 것. 하지만 큐피드의 화살은 독화살이 되어 그녀의 심장 깊숙이 박혀버렸다. 너무나 강한 사랑의 감정이 이미 그녀의 온 마음을 지배하고 만 것이다. 그녀의 고통을 아는 내 입장에서는 안타까워하며 위로의 말을 찾고 있었다.

"사랑한다고 말해라."

하지만 그녀는 고개를 젓는다.

"그래, 사랑한다고 말했다고 해. 그래서 내가 그를 원하고 있다고 말했다

야자나무 숲속 크리슈나와 그의 연인 라다. 크리슈나와 라다의 에로스 중심의 사랑은 인도의 모든 문예·조각·회화 등에 영감을 제공한다. (라자스탄 양식, 1775~1780)

고 해. 그 다음에 뭐가 남지?"

"그는 너를 기억할 거야. 그리고 너는 감정으로부터 자유를 얻을 거야."

"……."

진실을 말함으로써 자유를 얻을 수 있다는 나의 입장과는 달리 자신에게 돌아올 또 다른 고통 때문에 말할 수 없다는 그녀의 논리는 단순한 개인성의 차이만을 의미하지 않았다. 자기 감정에 대한 억압적 태도는 대부분의 인도인들에게서 느껴지는 보편적 현상이기도 했다. 이러한 현상은 감정을 드러내는 것은 낮은 계급 사람들의 교양 없는 행동이라는 종교적 태도의 일면으로 작용했다. 자기 감정에 대한 처리를 스스로 알아서 잘해야지만 성숙한 인격이라고 생각하는 태도는 다분히 종교적인 모습이다.

인도인들에게 있어 자기 감정을 안으로 처리하는 기술은 상당히 습관적이기 때문에 그들의 속마음을 제대로 이해하기는 쉽지 않다. 말할 수 있는 것과 말할 수 없는 것과의 거리감. 그 거리감 속에 문화적 차이의 단면이 존재하고 있음을 느끼게 된다.

아무 말도 할 수 없었던 그녀는 혼자서 시커먼 가슴만 태우며 나날이 여위어갔다. 사랑하는 사람을 보면서 잊어야만 하는 잔인한 자기 모순에 빠져버린 그녀는 아무 말도 하지 못한 채 그렇게 자신을 견뎌가고 있었다. 진실만큼이나 고통스러운 자기 모순 속에서 그녀는 말할 수 없는 고통을 견디고 있었다. 결국 고통을 이기지 못한 그녀는 어느 날 아무 말도 하지 않은 채 사라졌다가 한 달 후쯤 조금 밝은 얼굴로 나타났다.

그녀는 그를 잊었는가. 나는 그녀의 밝은 얼굴 표정에서 또 다른 슬픈 마음을 헤아린다. 슬픔이 오래도록 남아 있다는 증거는 사랑이 쉽게 사라지지 않는 것임을 의미한다.

말할 수 없는 것. 카스트의 뿌리는 그녀의 의식 안에서 질기게 뿌리 내리고 있었다. 그녀의 감정적 해방을 방해하는 것은 바로 이 제도였던 것이다. 이미 태어나면서 모든 계급이 결정되어버리고, 그 틀 속에서 평생을 운명 속에서 살아가는 사람들. 그 어떠한 교육도 인도의 카스트 제도와 그 의식을 깨지는 못했다. 이것이 인도의 현실인가.

자신의 진실과 고통조차 말할 수 없다면 무엇을 말해야 하는가. 진실과 고통은 마치 무거운 돌이 되어 그녀의 가슴 깊숙한 곳에 자리 잡고 말았다. 말할 수 없는 것에 귀 기울여본다. 그 속에 숨어 있는 개인들의 보석 같은 작은 진실의 목소리에 귀 기울여본다.

카스트 제도란 무엇인가
가장 이색적인 힌두 사회의 모습

인도 이야기를 할 때마다 사람들이 가장 궁금해 하는 대목은 바로 카스트 제도에 대한 것이다. 오늘날 법률적으로 카스트 제도는 존재하지 않는다. 법률이 정한 쿼터제가 있어서 지금은 불가촉천민도Untouchable 대학 교육을 받을 수 있도록 민주적 제도가 마련되어 있다. 바로 이 부분 때문에 현대 인도를 민주적 제도가 잘 정착된 나라라고 말하기도 한다. 하지만 현실적으로 볼 때 이것은 분명 환상이다. 법과 현실의 차이는 인도인들이 서로에게 느끼는 심적 거리감에서 잘 드러나는데, 그것은 그들의 의식 속에 남아 있는 카스트 제도의 뿌리에서 기인한 것이다.

힌두 사회의 가장 이색적 특징인 카스트Caste(문화적으로 '출생')의 기원은 인도어로 바르나Varna(색깔)라는 단순한 분류만으로 설명할 수 없는 복잡한 용어이다. 일반적으로 말한다면 카스트는 동족결혼을 기본으로 한 세습가족 집단을 뜻한다. 그 말 속에서 우리는 나와 다른 부류는 배제한다는 배타성이 있음을 이해할 뿐이다. 카스트의 지위는 각 지방에서 다양하게 나타나고 사회적 이동도 가능하지만, 상호 관계는 세습적으로 결정된다. 카스트는 지역적이고 특별한 직업과 연관되어 있는 만큼 다른 카스트 집단과의 결혼은 금지된다.

카스트 제도는 네 계급, 즉 브라만Brahman(사제 계급), 크샤트리아Kshatrya(군인 또는 정치적 지배 계급), 바이샤Vaisyas(농공상인), 수드라Sudras(노예 계급)로 나누어진 인도의 독특한 계급제도이다. 카스트 제도가 성립된 정확한 연대는 알 수 없지만, 아리아족이 인도에 정착한 베다 시대에 피정복민을 지배하기 위해 만들었을 것이라는 추측이 지배적이다. 인종적 우월성에 입각하여 아리아족은 주로 지배 계급을 차지했고, 선주민이었던 드라비다족은 노예 계급인 수드라 계급으로 전락했다. 한편, 카스트 사이의 우월성과 열등성의 복잡한 관계는 최하층에 불가촉천민을 위치시켰고, 이 숫자는 인도 인구의 15퍼센트에 이른다. 이 계급은 청소하고 바느질하고 소를 모는 일과 같은 인도인들의 관점에서 보면 오염된 직업과 관련이 있다.

카스트 제도는 인도의 기본적 사회구조를 형성한다. 그것은 힌두교의 윤회 사상과 맞물려 인도 사회를 고정시키는 역할을 했다. 하지만 카스트를 둘러싼 치열한 철학적 논쟁이 전개되기도 했다. 예를 들면, 브라만의 권위를 부정하고 새로운 철학을 부르짖은 우파니샤드 철학이나 자이나교, 불교 등이 그 대표적 논쟁이 될 것이다. 인도의 모든 문제는 바로 카스트에서 비롯된다고 볼 수 있다. 그리고 이러한 논쟁은 오늘날까지도 계속되고 있다. 규율을 위반하여 소속 카스트로부터 추방되지 않는 한 카스트는 인도인들 개개인의 삶에 족쇄처럼 영원히 채워져 있다. 오늘날 카스트는 지역마다 다르게 인식되기도 하고, 그 구분에 있어 좀 더 많은 집단으로 세분화되어 나타나기도 한다.

비록 카스트의 기원은 힌두교에서 시작했을지라도 이 제도는 부족주의, 이슬람교, 불교, 시크교, 기독교에 기본을 둔 모든 남아시아 사회에도 많은 영향을 끼쳤다. 네팔의 힌두교와 불교 신자들 또한 카스트 제도의 규율에 복종한다. 네팔의 힌두교도 사이에는 브라만과 같은 상층 카스트가 존재할 정도로 카스트 제도는 뚜렷한 사회적 특징으로 남아 있다.

찬디다스와 라미의 사랑

본질적 이상을 가진 한 브라만 남성 이야기

인간 정신의 가장 깊은 부분인 미지의 정신세계를 알아냈던 한 인도 브라만 남성이 있었다. 그는 첫눈에 사랑에 빠졌다. 첫눈에 피지는 사랑을 우리는 흔히 로맨틱 사랑이라고 한다. 카스트라는 단단한 구조주의 틀 속에서 살아가는 인도인들에게 이 사랑만큼 위험한 사랑은 없다. 그가 경험한 사랑을 통해 우리는 인도인들이 사랑이라는 감정을 어떻게 받아들이는지 감지할 수 있을 것이다. 이것은 인도인들의 정신세계를 보여주는 일화이기도 하다. 19세기 인도의 가장 위대한 역사학자인 아난다 쿠마라스와미는 다음과 같은 이야기를 들려준다.

찬디다스Chandidas는 바수리 데비 사원의 브라만이자 제사장이었다. 어느 날 그는 여인들이 옷을 빨고 있는 강둑을 따라 걷고 있었다. 거기에 라미Rami라는 이름의 소녀가 있었다. 그녀가 우연히 눈을 들어 올렸을 때, 그들은 눈이 마주쳤다. 마치 단테와 베아트리체의 만남처럼. 이때부터 찬디다스는 사랑에 빠졌다.

라미는 매우 아름다웠다. 하지만 힌두 사회에서 빨래 빠는 여인이 브라만

깊은 생각에 잠긴 크리슈나 (라자스탄 양식, 18세기)

에게 무엇을 할 수 있을까. 그녀는 단지 그의 발의 먼지를 털어낼 수 있을
뿐이었다. 그러나 그는 공개적으로 자신의 노래에 그의 사랑을 드러냈다. 그
리고 제사장의 의무를 부정했다. 그는 꿈에 빠졌고, 그때마다 그는 그녀를
회상했다. 찬디다스가 부른 사랑의 노래는 헌신의 노래 이상이었다.

> 나의 사랑이여, 나는 너의 발로 피신한다.
> 내가 너를 볼 수 없을 때 나의 마음은 휴식을 취할 수 없다.
> 너는 나에게 의지할 곳 없는 아이의 부모로서 존재한다.
> 너는 나의 목에 걸린 화환인 우주의 여신 그 자체이다.
> 너 없이는 모든 것이 어둠이다.
> 너는 나의 기도이다.
> 나는 너의 우아함과 매력을 잊을 수 없다.
> 그러나 아직 나의 마음속에 욕망은 없도다.

영원히 라미를 포기하는 조건 속에서 찬디다스는 제사장의 위치에서 뒤로 물러났다. 그러나 그녀가 이 소식을 들었을 때, 그녀는 그 앞으로 나아가 섰다. 이전까지 그녀는 공개적으로 그의 얼굴을 쳐다본 적이 없었다. 그리고 그는 모든 약속을 잊은 채 그녀의 손을 잡고 그녀 앞에서 절을 했다. 이때 라미는 우주의 어머니, 여신으로 비춰졌다. 하지만 그들의 신성한 행동은 이를 지켜보던 대부분의 사람들에게는 우스꽝스런 짓거리에 불과했다. 찬디다스에게 여신으로 추앙 받은 라미는 그들의 눈에는 단지 빨래 빠는 여인이었을 뿐이다. 결국 찬디다스는 보수적 전통주의자들로부터 추방되었다. 왜냐하면 그는 전체 공동체를 모욕했기 때문이다. 제사장으로서의 본분을 지키지 못하고 빨래 빠는 여인을 숭배했다는 이유로 인해 찬디다스는 불가촉천민으로 남게 된다.

육체적 근접, 접촉, 그리고 상호 관통은 당연한 사랑의 표현이다. 연인들은 그들의 정신 통합을 기억해왔기 때문에 이 두 사람은 하나의 육체다. 더군다나 이것은 두 사람의 단순한 공감보다도 훨씬 강한 정체성의 인식이다. 이것을 위해 사랑하는 사람과 사랑 받는 사람은 둘 다 반드시 하나가 되어야 하고, 똑같은 정신적 연령과 똑같은 도덕적 구조가 필요하다. 만약 그렇지 않다면 찬디다스가 말한 것처럼 가치 없는 남자를 사랑한 여성은 심장이 부서져서 죽을 것이고, 낮은 정신적 수준의 여성과 사랑에 빠진 남자는 거대한 불안의 앞뒤로 던져져서 절망의 길에 놓일 것이다.

인간에게 사랑의 무대는 정신적 발전의 무대를 반영한다. 그것은 남성과 여성에 대한 관계의 비밀이 주는 의미를 드러내는 것을 말한다. 그것이 중세 힌두교를 지배한 주요 동기였다. 여기에서 금지된 사랑은 노예의 상태를 의미한다. 중세 인도 사회에서 관습은 사랑의 문제에 대해 너무나 엄격했기 때문이다. 그러한 사랑은 세상의 모든 가치와 때때로 삶 그 자체를 포기하는 것까지도 포함한다.

찬디다스의 비극적 상황을 통해서 우리는 인도인에게 로맨틱 사랑이 무엇을 의미하는지 알 수 있다. 먼저 이 로맨틱 사랑의 원칙은 반드시 특별하다는 것이다. 그것은 수백 명의 사람 중에서 단 한 사람만이 그 꼭대기에 오를 수 있다는 것을 의미한다. 이것은 욕망의 구원인 정신적 자유(모크샤 Moksha)에 도달하는 것을 의미한다. 그러므로 이 로맨틱 사랑이 추구하는 것은 에고와 생성의 해방이다. 한 마디로 로맨틱 사랑이란 가슴속에 남겨지는 사랑이다. 이 완벽한 상태는 욕망이 없는 상태(無, nothing)에 이른다. 찬디다스 역시 수백만 명 중에서 그러한 사람은 거의 발견되지 않는다고 덧붙이면서 다음과 같이 말한다.

"여인의 사랑을 통해 구원에 도달하기 위해 내가 여기에 있다. 우주는 아무것도 보여주지 않고, 단지 사랑의 비밀을 아는 사람에 의해서만 이것이 발견될 수 있기 때문이다."

찬디다스는 자신의 로맨틱 사랑을 통해 비로소 욕망의 구원인 정신적 자유를 얻었다. 하지만 그에게 현실적으로 남겨진 것은 불가촉천민이라는 꼬리표였다. 그 후 인도에서는 사하자 Sahaja(혈족의, 선천적이라는 의미의 뿌리를 가진 '자발적'이라는 의미)라고 불리는 일련의 의식이 생겼다. 사하자 의식을 통해 힌두는 젊고 아름다운 소녀에 대한 숭배는 정신적 발전과 궁극적 해방의 길을 만든다고 믿었다. 뿐만 아니라 그 속에 함축된 로맨틱 사랑을 이해할 수 있다는 것이다. 이 원칙은 밀교로 알려진 '탄트라 tantra 불교'를 조직하는 데 중요한 모티프를 제공한 것으로도 알려져 있다.

이미 10세기에 카누 바타는 벵골에서 사하자 사랑 노래를 썼지만, 고전적 해석자는 14세기에 살았던 찬디다스이다. 당시 찬디다스는 '미친 남자'로 불렸다. 그렇다 하더라도 이 용어는 본질적 이상을 가진 남자, 그 자신이 모든 사람에게 사랑받는다는 것을 뜻했다. 그는 누구나 마음속에 간직하고 있는 욕망의 한 단면을 솔직하게 표현함으로써 자유를 얻었으며, 사람들은 그의 자유를 사랑했다. 하지만 중세 인도 사회에서 이러한 행동은 사회적 질서를 깨는 위험한 행동이었다. 당시 그의 파면은 인도 사회의 관습이 얼마나 엄격했는지를 보여주는 하나의 역사적 사건으로 남았다.

카르마와 환생

영혼은 하나의 삶인가, 영원한 삶인가

　카스트가 인도 사회를 형성하는 큰 기둥이라면, 카르마는 인도인의 의식을 형성하는 또 다른 기둥이다. 정해진 계급과 그에 따른 의무의 이행을 강조하는 카스트가 몇 천 년이나 존속할 수 있었던 것은 바로 카르마라는 의식 때문이었다.

　카르마의 가장 큰 특징은 '변화'를 제거하는 것이다. 과거에 행한 가장 작은 행동조차도 미래에 그 결과의 명분을 가지기 때문에 행동의 제약을 통해 변화를 제거하려는 것이 카르마의 기본 원칙이다. 또한 카르마는 신이 모든 것을 주관한다는 신의 섭리나 모든 것이 신에 의해 이미 정해져 있다는 예정설을 받아들이지 않는다. 그런 점에서 운명론의 반대다. 만약 우리 자신이 불행하다는 것을 발견했다고 하더라도 운명을 탓하며 비난할 수 없다. 즉, 자신의 카스트를 탓하며 슬퍼할 이유는 없다. 전적으로 자신의 행동을 탓할 일이다.

　"어느 누구도 즐거움이나 슬픔을 주지 않는다. 우리 자신의 행동만이 그 열매를 가지고 온다."

　여기에서 문제는 신이 아니라 인간이다. 카스트라는 구조는 신의 선물로

힌두 사원의 사제

주어진 것이 아니라 인간 개개인의 행동 원칙에 의해서 획득된 것이다. 자기 자신의 행동만이 자신의 운명을 결정할 수 있는 것이다. 이것은 곧바로 카르마의 원칙이 된다.

그렇다면 미래에 더 나은 카스트, 더 나은 인산이 되기 위해 현재 어떤 삶을 살아야 할 것인가. 카르마는 현재의 욕망을 통제하여 미래를 통제할 수 있다고 믿는다. 그 행동 주체는 신이 아닌 인간 개개인이다. 인간은 자기 운명의 절대적 통치자이자 영혼이다. 사슬이 우리를 채우고 있다면 그것은 우리 자신(또는 우리의 행동)이 만든 것이다. 그 사슬을 영원히 채우고 살든 스스로 산산이 부수든 선택은 자신이 하는 것이다. 그리고 이러한 선택이야말로 우리의 삶을 형성하는 실제적인 선택이 된다.

또한 카르마의 원칙은 서구의 종교적 태도에도 동의하지 않는다. 서구의 종교에서는 영혼이 육체와 함께 죽는다고 전제한다. 영혼은 육체가 살아 있을 때에만 그 기능을 발휘한다고 믿기 때문이다. 하지만 힌두교는 이 기능적 관점을 받아들이지 않는다. 또한 서구의 종교에서는 영혼은 하늘과 땅의 축복을 받거나, 아니면 지옥과 영원한 고통으로 남는다고 믿는다. 영혼은 영원한 천국 또는 영원한 지옥을 결정하는 과정에서 단지 하나의 삶을 가진다고 믿는다. 이러한 서구의 믿음은 힌두에게 비이성적이고 비윤리적이다.

그래서 힌두들은 영혼이 영원의 삶에 적합하지 않다고 믿는다. 삶으로부터 다른 삶으로 가는 데 있어 영원한 고통을 말한다는 것은 가치가 없을지도 모른다. 삶이 끝난다고 모든 것이 끝나는 것은 아니다. 영혼은 육체와 함께 시작하지도 않고, 육체와 함께 끝나지도 않는다. 영혼은 오랜 순례를 추구한다. 하나의 삶에서 다른 삶을 파괴하는 것 없이 사는 것이야말로 자유의 위대한 목적이다. 그러므로 힌두는 인간 개개인이 계속해서 존재한다는 이상을 받아들인다. 힌두에게 인간이라는 존재는 다시 태어나는 존재인 것이다. 즉, 환생(윤회)을 믿는 것이다. 그러니 길고 활기찬 삶이 무無(nothing)로 가는 것에 대해 공포를 느낄 필요는 없다. 이 끊임없는 순환의 연속성은 모든 영혼이 자유의 운명에 도달할 때까지 계속될 것이며, 그것은 인간 진화의 목적일 뿐이다. 이것이 바로 인도인이 믿는 카르마와 환생에 대한 관념이다.

사랑이라는 이름의 전투
서로 가슴을 주되 간직하지는 말라

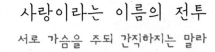

　나의 룸메이트, 샤리니는 다음 생애에 물고기로 태어나고 싶어 하는 중간 카스트에 속하는 힌두 여학생이다. 바다를 그리워하는 기러기 바다처럼 이해 심이 넓다. 어느 날 아침 그녀는 목욕을 끝낸 후 나를 흔들어 깨웠다.

　그녀는 기쁨에 들떠 나를 바라보고는 미소 지으며 발그레한 표정을 해서는 두서없이 이야기를 시작한다. 오늘 새벽 그녀는 산책을 하다가 첫키스를 했다고 말해주었다. 이제 그녀는 스물두 살. 물기 머금은 그녀의 입술과 아직 채 마르지도 않은 물방울 떨어지는 머리카락을 나는 오랫동안 바라보았다. 날카로운 첫키스의 설렘으로 환희에 들뜬 얼굴. 그녀는 한 무슬림 남학생을 사랑하고 있다. 그녀는 흥분해서 나에게 말한다.

　"그가 나에게 결혼을 신청했어."

　나는 그녀가 사랑하는 사람이 참 좋은 이라는 것을 알고 있다. 그는 그녀를 보살펴주고 작은 배려를 할 줄 아는 훌륭한 남자다. 하지만 인도에서 무슬림과 힌두의 사랑은 너무나 어렵다. 나는 생각한다.

　'친구로 남는 게 좋단다. 너의 사랑은 현실에서 이루어지기에는 너무나 어려워.'

암리타 셰르길, 〈신부의 화장〉, Oil on Canvas, 146×88.8cm, 1937년, 인도 국립현대미술관 소장

하지만 당신도 알다시피 어렵지 않은 사랑이 어디 있는가. 모든 사랑이라는 이름은 하나의 전투다. 현실에서 이렇게 저렇게 자신을 속이며 살아가는 도중 순간적 파열 속에서 맞닥뜨리게 되는 사랑의 감정. 순간 속에서 울려 퍼지는 진실의 목소리. 누군가는 이 목소리를 담담히 받아들이고, 누군가는 이 목소리를 피해 달아나고, 누군가는 이 목소리를 자신의 이익을 위해 이용하고, 또 누군가는 이 목소리 때문에 생명을 잃기도 한다. 마침내 숨어 있던 너와 나의 인간성에의 대면. 진실에의 대면.

한 번은 그녀에게 나의 혼란을 이야기한 적이 있다.

"나는 사랑이 무엇인지 모르겠어."

그때 그녀는 어린 나이답지 않게 진지한 목소리로 나에게 말해주었다.

"먼저 너는 그와 정신적 평등을 느껴야만 해. 그리고 만약 네가 누군가를 사랑했다가 고통을 느꼈다면 그것이 사랑이야."

어느 날은 그녀가 한 잡지에 실린 글을 가지고 와서 내게 읽어주었다. 칼릴 지브란의 《예언자》에서 '결혼'에 대한 내용이었다.

　…그대들은 함께 태어났으며, 더 영원히 함께 있으리라.

　죽음의 날개가 그대들의 생애를 흩어 사라지게 할 때까지 함께 있으리라.

　아, 그대들은 함께 있으리라. 신의 말없는 기억 속에서까지도.

　하지만 그들의 공존에 거리를 두라.

　천공의 바람이 그대들 사이를 춤추도록.

　서로 사랑하라. 하지만 사랑에 속박되지 말라.

　차라리 그대들 영혼의 기슭 사이엔 출렁이는 바다를 놓아두라.

　서로의 잔을 채우되, 어느 한 편의 잔을 마시지는 말라.

　서로 지혜의 빵을 주되, 어느 한 편의 빵만을 먹지는 말라.

　함께 노래하고 춤추며 즐거워하되, 그대들 각자는 고독하게 하라.

　비록 하나의 음악을 울릴지라도 기타 줄이 홀로 존재하는 것처럼.

　서로 가슴을 주라. 하지만 간직하지는 말라.

　오직 삶의 손길만이 그대들의 가슴을 간직할 수 있다.

　함께 서 있으라. 하지만 너무 가까이 서 있지는 말라.

　사원의 기둥들도 서로 떨어져 서 있는 것을.

　참나무, 사이프러스도 서로의 그늘 속에선 자랄 수 없다.

　그녀는 종종 친구들이 썼다는 시도 읽어주고, 자기가 믿는 신에 대한 신화 이야기도 해주던 감정이 풍부한 여학생이었다. 바다가 그리워 다음 생애에는 물고기가 되고 싶다는 그녀. 그녀의 사랑은 지금 어디쯤 가고 있을까.

힌두와 무슬림의 사랑
1947년, 비극적 인도 현대사의 시작

이루어질 수 없는 사랑. 그래서 어떤 사랑은 죽음을 닮았다.

"그녀가 죽었는지, 매춘부가 되었는지, 아니면 그와 결혼을 했는지, 이후 어느 누구도 그녀의 소식을 듣지 못했다."

나이 든 여성이 자신의 과거를 회상하며 글을 쓰는 장면에서 흘러나오는 이 내레이션은《1947: 대지Earth》라는 영화의 첫 장면이다. 첫 장면부터 깊은 인상을 남기면서 시작하는 이 영화는 인도에서 본 영화 중 가장 아름다운 영화이다. 무엇보다 이 영화는 인도와 인도인을 이해하려는 이방인들에게 하나의 텍스트로 존재하기에 충분하다. 사랑이라는 보편적 주제 속에 녹아 있는 많은 상징 코드를 통해 신비한 베일에 싸인 인도라는 나라의 본질이 과연 무엇인지 살펴볼 수 있으며, 사랑의 본질에 대해 상상할 수 있기 때문이다. 이런 의미에서 나에게 이 영화는 인도의 경전처럼 다가온다.

인도는 세계에서 영화 제작 편수가 가장 많은 나라답게 다양한 영화를 즐길 수 있다. 그런 만큼 인도 젊은이들도 우리처럼 영화에 몰두한다. 대부분의 영화는 선이 악을 이기고 해피엔드로 끝나는 전형적인 스토리를 그 테마로 하고 있다. 고대 인도인들은 비극이라는 것을 몰랐고, 그래서 비극은 아예

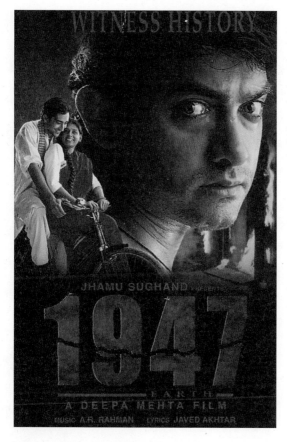

디파 메타 감독은 인도와 파키스탄이 분리 독립전쟁을 치른 1947년의 역사적 사건을 영화의 배경으로 선택했다. 힌두 여인과 두 무슬림 남자 사이의 비극적 사랑은 힌두와 무슬림의 내면적 갈등을 암시한다. 《1947: 대지》는 역사적 비극을 통해 인도의 정체성을 묻는 최고의 작품이다.

존재하지도 않았다고 한다. 오늘날에도 인도인들은 즐겁고 재미있는 희극에 열광할 정도로 영화는 삶의 애환을 풀어주는 오락거리다. 하지만 이러한 대중영화 시장을 뚫고 작품성 있는 영화들이 종종 선보이기도 하는데, 이 영화도 바로 그러한 선상에서 젊은 지식층을 자극시킨 작품이다.

이미 초로初老에 들어선 여인이 옛 기억을 더듬으며 과거의 시간 속으로 흘러들어가는 이 영화는 액자구성방식을 취하고 있다. 액자 속 이야기는 초

로의 여인이 자신의 12세 어린 소녀시절을 회
상하는 장면으로 시작한다.

부유한 무슬림 인텔리 집안의 외동딸인 소녀
는 아름다운 힌두 여인(난디타 다스)의 돌봄을 받
고 자란다. 액자 속 영화는 이 힌두 여인의 아
름다움에 포커스를 맞춘다. 그리고 그녀의 아름
다움에 매혹된 두 무슬림 남자가 이 힌두 여인
을 동시에 사랑하는 장면으로 바뀐다.

첫 상황부터 영화는 그들의 비극적 운명을
암시해주고 있다. 사랑이 오직 한 사람과 나누
는 것이라면, 두 남자의 등장은 이 영화의 결말
이 비극으로 끝날 수밖에 없다는 복선을 깔고
있는 셈이다. 이미 예정되어 있는 비극으로 치
닫게 되는 요인은 두 남자가 보여주는 서로 다
른 사랑 방식에 있다. 구두닦이 남자(라훌 카나)는
사랑하는 여인을 위해 자신도 힌두가 되겠다고
한다. 또 다른 남자인 아이스크림 파는 남자(아미
르 칸)는 자기와 함께 무슬림의 성지인 라호르로
떠나자고 그녀에게 제안한다.

두 남자의 서로 다른 사랑 방식 사이에서 힌
두 여인은 갈등한다. 사랑이란 무엇인가. 결국
그녀는 구두닦이 남자를 받아들임으로써 자신
의 사랑을 선택한다. 그리고는 사랑을 위해 모
든 것을 던져 하나가 되는 연인들. 그들은 아름

《1947: 대지》의 한 장면.
라훌 카나와 난디타 다스.
라훌 카나는 사랑을 얻은 남자의 비극성을 연기했다.

《1947: 대지》의 한 장면.
아미르 칸과 난디타 다스.
아미르 칸은 사랑을 얻지
못한 남자의 질투심을 연기
했다.

다운 사랑을 만든다. 힌두와 무슬림의 사랑. 이 장면에서 이들의 사랑이 어디
로 가는지를 걱정하는 음악이 애잔하게 흐르면서 운명을 넘어선 두 남녀의
간질한 몸짓이 화면에 아름답게 그려진다.

한편, 이 아름다운 화면 한 귀퉁이를 또 다른 선택되지 못한 남자가 장식
한다. 그는 그들이 사랑을 나누는 장면을 묵묵히 바라본 후 아무 말도 없이
돌아선다. 그는 그녀를 잊을 것인가. 사랑을 얻은 남자와 사랑을 얻지 못한
남자. 사랑을 얻지 못한 아미르 칸의 증오로 불타오르는 슬픈 눈동자가 아직
도 뇌리에 남아 있을 정도로 그의 연기는 완벽하다. 사랑이라는 것이 얼마나
강렬한 감정인지 이 영화는 극적으로 보여준다.

사랑을 잊는다는 것은 얼마나 어려운 일인가. 결국 사랑을 얻지 못한 남자
는 사랑을 얻은 남자를 살해하게 된다. 사랑으로 하나가 된 남자는 싸늘한

시체가 되어 여인에게 돌아오고, 사랑을 얻지 못한 남자는 사랑하는 사람을 잃고 슬픔에 잠겨 있는 여인을 데리고는 군중 속으로 사라진다. 이후 아무도 그녀의 소식을 듣지 못한다. 그녀는 죽었을까, 매춘부로 넘겨졌을까, 그와 강제로 결혼했을까.

12세 소녀의 눈으로 본 1947년의 사랑과 종교의 갈등. 이것은 비극적 인도 현대사의 시작이었다. 항상 현실적 가치에 의해 이데아는 상처를 받는다. 슬프고도 아름다운 영화다.

이 영화에서 보여주는 두 남자의 서로 다른 사랑 방식. 그들의 사랑을 바라보는 힌두 여인의 갈등. 물론 그것은 힌두의 사랑 방식을 대표한다고도 볼 수 있다. 힌두 여인은 자신의 종교를 포기하고 사랑하는 여인과 하나가 되겠다고 말하는 남자를 받아들인다. 이것은 바로 힌두의 거대한 흡수성을 보여주는 부분이기도 하다. 인도인에게 사랑이란 무엇인가라는 물음은 결국 종교란 무엇인가에 대한 정신의 근본적 영역과 관련된다. 이처럼 사랑이란 한 사람의 운명을 바꿀 수 있는 깊은 정신적 지각 변동임을 인도인들은 너무나 선명하게 알고 있다.

영화는 1947년에 인도가 겪은 끔찍한 내전을 역사적 배경으로 인간과 사랑의 본질에 대한 질문을 던져준다. 오랜 역사가 만들어낸 힌두와 무슬림의 갈등이 결국 전쟁이라는 극단으로 흐르고, 그 극단 속에서 일어났던 인도인의 삶과 사랑 이야기. 그 역사적 사건을 사랑이라는 보편적 주제로 풀어간 영화 《1947: 대지》. 영화는 힌두와 무슬림의 사랑을 통해 인도 사회의 내부적 문제를 제기한 역사 영화로 자리매김한다.

오랜 역사 속에서 보면 힌두와 무슬림은 하나였다. 하지만 200년의 영국 통치는 인도를 힌두와 무슬림의 나라로 쪼개놓았다. 영국에 대항하는 인도 민족주의의 성장으로 1883년 국민회의가 탄생하게 되었다면, 또 하나의 새로운 흐름으로 무슬림 공동체의 이익을 추구한 무슬림연맹이 1906년에 형성되었다. 1929년 간디Mohandas Karamchand Gandhi (1869~1948)는 국민회의 지도자로서 네루Jawaharlal Nehru(1889~1964)를 지목했고, 진나Muhammad Ali Jinnah (1876~1948)는 무슬림 민족주의를 이끌고 있었다. 이후 이 두 흐름은 1935년 선거에서 결정적 갈등을 야기하게 된다. 다수당으로서 선거에서 승리한 국민회의는 당시 새로운 세력으로 성장하고 있던 진나의 제안을 받아들이지 않았으며, 무슬림연맹을 인정하지도 않았다. 이에 진나는 국민회의 통치는 힌두 통치를 의미한다고 강조하면서 무슬림을 정치 세력화하는 데 힘쓰게 된다.

국민회의가 저지른 이 결정적 실수는 1945년 제2차 세계대전 기간에 증폭된다. 전쟁 기간 중 국민회의 지도자들 6만 명이 구속되는 사태가 벌어지면서 국민회의는 무슬림 동맹과 분명한 선을 그으면서 그 자체의 권력을 부정하게 된다. 한편, 영국은 무슬림연맹을 이끄는 진나를 국민회의와 동등하게 인정하게 되는데, 진나는 이를 계기로 무슬림의 권력을 강화하는 기회로 만든다. 전쟁이 끝나고 1946년 국민회의와 무슬림연맹의 갈등은 극한으로 치닫는다. 국민회의와 무슬림연맹의 교착 관계를 깨기 위한 모든 회담은 실패로 돌아가고, 결국 초대 수상 네루는 1947년 영국 측이 제시한 힌두 정권과 무슬림 정권의 분리 독립안에 동의함으로써 힌두 정권인 인도와 무슬림 정권인 파키스탄으로 분리된다.

이 역사적 사건으로 인해 힌두와 무슬림 사이에는 서로를 경계하는 감정이 생겨났다. 카르마와 카스트 속에서 살아가는 인도인들에게 또 하나 이루어질 수 없는 사랑이 존재하게 된 것이다. 이것은 현대 역사가 만들어낸 비극적 상황이다.

오늘날 인도는 이러한 분열의 한가운데서 고통 받고 있다. 우리에게도 잘 알려져 있는 힌두 작가인 살만 루시디는 코란에 대한 글을 기재했다가 신성 모독죄로 무슬림 세력으로부터 암살 명령을 받기도 했다. 또한 카슈미르 지역 에서는 지금도 인도와 파키스탄 간의 전쟁이 계속되고 있다. 이는 인도 사회 내에서 무슬림과 힌두 세력의 관계가 아슬아슬하다는 것을 보여주는 단적인 예다.

이 영화에서 기억에 남는 또 다른 장면은 어린 신부와 나이 든 노인과의 흥겨운 결혼식 장면이다. 하지만 아이러니하게도 이 장면을 통해 나는 여성 에 대한 감독의 시선을 읽을 수 있었다. 무엇보다도 감독은 유아결혼 풍습인 인도의 낡은 인습을 날카롭게 비판하고 있다. 유아결혼의 희생양이 된 어린 신부를 통해 여성을 정신적 존재가 아닌 단지 물적 존재로 만드는 남성 사회 에 대한 지독한 비판을 보내고 있는 것이다.

이 작품을 만든 여성감독 디파 메타는 레즈비언이라는 독특한 소재로 인 도 사회의 모순과 여성의 고통을 날카롭게 드러낸 《불 Fire》이라는 작품을 발 표해 인도 사회 내에서 센세이셔널한 반응을 불러일으킨 바 있으며, 인도의 신성한 도시 바라나시를 배경으로 한 《물 Water》이라는 작품을 통해서도 여성 의 문제와 인도의 정체성의 문제를 끈질기게 묻는 작업을 진행한 바 있다. 앞으로의 작업이 기대될 정도로 그녀는 인도가 낳은 세계적 여성감독이다. 언제나 삶이란 자기 정체성과의 싸움임을 그녀를 통해 느끼게 된다.

사랑보다 결혼을 믿는 사람들
결혼은 삶의 목적인가, 개인적 만족인가

"나는 부모가 정해주는 사람과 결혼할 거야."

이 말은 인도 친구들이 자신의 결혼관을 이야기할 때 늘 하는 말이다. 그들은 항상 가족의 소중함을 이야기하면서 부모야말로 자신을 가장 잘 알기 때문에 부모가 정해주는 사람과 결혼할 거라고 말하곤 한다. 그들은 결혼만 하면 자연히 사랑이 생긴다고 믿는다. 그래서 부모가 정해주는 상대에 대해 불평이 있을 수 없다. 한 마디로 그들은 제도의 정신성을 믿는 것이다. 제도 속에서 생기는 정신. 그러한 사고방식은 인도 사회의 제도를 고정시키는 상호 작용을 한다.

이런 의미에서 볼 때 인도 젊은이들의 결혼관은 아주 현실적이다. 대부분 중매결혼을 통해 가정을 이룬다. 먼저 남자 측 부모가 신부를 본 후 부모들끼리 합의가 이루어져야만 한다. 그런 다음 남녀가 서로 대면하게 된다. 이 대면이 끝나고 나서야 여성은 자기 의견을 말할 수 있다. 철저히 부모 중심의 가족 사회이다. 이러한 절차를 통해 같은 계급, 같은 카스트끼리 결혼이 이루어진다. 결국 계급과 카스트는 영원히 고정되어간다. 이것이 인도 카스트 제도의 거대한 뿌리가 된다.

제도적으로 카스트는 존재하지 않는다. 하지만 언제나 인습은 그 뿌리가 길어서 인도인들 내면에 흐르고 있는 계급의식은 상당히 보수적이다. 예를 들면, 인도인들은 사랑이라는 감정을 아주 위험하게 생각한다. 인도 사회 전체의 거대한 구조성을 본능적으로 생득生得한 그들에게 욕망은 결코 바람직한 삶의 방향이 아니다. 결국 욕망은 정신을 어지럽히기 때문에 경계하고 다스려야 하는 불순한 것이다. 감정은 애초부터 존재할 수 없다. 설령 감정이 생겼을지라도 그들 특유의 현실적 방법인 '아무도 모르게' 처리할 것이다. 이 억압된 감정은 구조의 존속에 기여한다. 철저히 구조의 피라미드 속에서 생을 유지하고 인내하는 습관에 익숙해 있는 것이다.

개인의 감정인 사랑보다는 결혼의 제도성을 믿는 사람들. 결혼이야말로 영원한 사랑의 보험이다. 영원한 사랑을 위해 결혼은 철저히 계산된 현실이다. 이러한 현실은 '다우리Dowry(신부의 결혼 지참금)' 제도를 통해 구체화된다. 고대 베다 시대부터 시작된 다우리 제도는 오늘날까지도 인도 사회에 존재하면서 때때로 여성들을 죽음으로 몰아가는 심각한 사회문제가 되고 있는 것이 현실이다.

힌두에게 결혼이란 정체성을 고찰하는 문제이지 평등성에 대한 문제가 아니다. 결혼의 동기는 단순한 개인적 만족이 아니라 삶의 목적의 성취이다. 사회는 그렇게 유지된다. 카스트는 그렇게 세습된다. 인도인들은 철저히 현실적이다. 제도적 틀 속에서 살아가는 사람들에게 사랑이란 아무 소득 없는 밑지는 게임임을 그들은 너무나 잘 알고 있는 것 같다.

최근 인도 사회의 재미있는 현상 중 하나는 신문광고의 배우자 구인난을 볼 수 있다. 이 구인난을 통해 보면 인도 남녀에게 있어 이상형이 누구인지 쉽게 알 수 있다. 어느 사회에서나 마찬가지로 인도 사회에서도 남자들은 얼굴이 하얗고 예쁜 여자를 찾고 있으며, 여자들은 경제적 능력이 있는 남자를 찾고 있다. 하지만 계급 사회답게 같은 카스트여야 함이 전제조건이다. 우리의 시각에서는 어떻게 신문광고에 나오는 이야기들을 전적으로 신뢰할 수 있을까 싶지만, 실제로 이러한 신문광고를 통해 만나는 연인들이 많다고 하니 이는 현대 인도 사회의 새로운 풍속일 것이다.

지금은 서구 사상의 유입으로 인도 사회 또한 한창 변화와 혼란 속에 있다. 도시의 젊은이들은 빠르게 변화하는 사회의 물결 속에서 자신의 정체성을 고민하기 시작했다. 무엇보다도 그들의 고민은 영화라는 매체를 통해서 나타난다. 이제는 심심찮게 연애결혼이라든지 미혼모 문제라든지 하는, 그들 입장에서 보면 파격적일 수밖에 없는 내용이 선보이고 있고, 이러한 주제는 도시의 젊은이들을 열광시키는 것 또한 사실이다. 서구 자유주의의 공격 속에서 그들은 전통과 현대의 의미를 다시 세워야 할 것이다. 한동안 가치관의 혼란을 겪은 후 각자 자신의 선택을 하게 될 것이다. 신자유주의의 물결 속에서 인도 또한 또 다른 변화의 흐름 속에서 몸부림치고 있었다.

《마하바라타》에 전해 내려오는 날라 왕과 다마얀티 공주의 이야기를 보여주는 18세기 세밀화. 한 시종이 다마얀티 공주에게 발의 장식을 걸어주고 있다. 비다르바 왕국의 왕이 외동딸 다마얀티의 신랑 간택을 공고하자 다마얀티의 아름다움에 대한 소문으로 많은 구혼자들이 몰려온다. 이 모든 구혼자를 물리치고 다마얀티 공주는 평소 흠모하던 날라 왕자를 신랑으로 선택하여 결혼한다. 하지만 이들의 결혼을 시기한 칼리라는 다른 구혼자의 농간에 빠져 날라 왕자는 도박으로 모든 재산을 잃고 만다. 이로 인해 날라 왕자는 아내마저 버리고 방황하게 되고, 다마얀타는 온갖 어려움을 견디며 남편과의 재회를 계획한다. 결국 모든 시련을 이겨낸 날라는 다마얀타와 재회하여 잃었던 재산을 되찾고 행복하게 살았다고 한다. 이처럼 인도 이야기들은 현실적 문제들을 통해 그 해결 과정과 해결책을 보여주는 형식을 취하고 있다.

여성이 진정 원하는 것은 무엇인가

모계제와 부계제 중심의 공동가족제도

어느 사회에서나 가족은 그 사회를 유지해 나가는 기본 제도로서 존재한다. 인도 사회의 가족제도의 특징은 공동가족Joint Family이다. 이러한 가족 구성은 선사시대 이래로 존재해왔다. 인도에 침입한 이슬람 세력도 인도 고대 제도의 구조를 변경시키는 데 실패했다. 제도의 개혁과 현대화의 영향에도 불구하고 이 공동가족제도는 아직까지도 계속해서 인도 사회를 유지하는 기본 틀이다.

공동가족제도에는 두 가지 종류가 있다. 인도 북쪽 지역의 경우에는 가족 통합이 남성의 3대와 4대 세대, 그리고 그들의 부양가족을 포함한다. 그것은 자신의 할아버지와 그의 형제들, 자신의 아버지와 그의 형제들, 자신의 형제들과 사촌들, 자신의 아들들, 그리고 남성 측의 모든 조카들과 아내들뿐 아니라 결혼하지 않은 자신의 여자 형제들과 딸들로 구성되어 있다. 반면, 인도 남쪽 지역의 경우에는 자신의 할머니와 그녀의 자매들과 남자 형제들, 자신의 어머니와 그녀의 자매들과 남자 형제들, 자신의 남자 형제들과 여자 형제들, 자신의 아들과 딸들, 그리고 자신의 여자 형제들의 자식들을 포함한다.

이러한 가족조직의 유형은 결혼관계와 친족제도, 그리고 여성의 위치에 따라 다르게 전망할 수 있다. 북인도의 가족조직은 남성중심제이다. 그러므로 아버지 쪽으로 7촌, 어머니 쪽으로 5촌 이내에 있는 사람과의 결혼을 피하는 전통적 규칙은 상층에서 하층 카스트까지 모든 카스트에서 적용되었다. 반면, 남인도의 남자들은 오히려 그의 어머니 쪽 사촌, 예를 들면 그의 어머니의 남자 형제의 딸들과 결혼했다.

이러한 부계 중심과 모계 중심의 대조적 가족 구성을 통해 우리는 인도의 가족제도에 접근할 수 있을 것이다. 이것은 인도에서 여성의 위치가 어느 선상에 있는지를 가늠하게 해 주는 독특한 잣대를 제공해준다. 한편, 서로 다른 잣대를 통해 여성에게 진정 필요한 것이 무엇인지를 생각하게 한다. 여성이 진정 원하는 것은 무엇인가. 자유인가, 보호인가? 사랑인가, 결혼인가? 사랑과 결혼이 만들어내는 자유와 보호의 함수관계 속에서 우리는 남성과 여성의 문제와 사회의 문제를 비로소 바라볼 수 있다.

여기에서부터 서양과 동양의 관념의 차이가 존재한다. 예를 들면, 서양의 이론은 낭만적 사랑과 자유로운 선택에 기본을 둔 결혼을 추구한다. 그러므로 서양인들에게 결혼이란 '사랑에 빠지는 사건'에 의지한다. 사랑에 어긋난 사람들과 사랑하지 못한 사람들은 결혼을 요구하지 못한다. 동시에 사랑으로부터 빠져 나온다는 것은 결혼의 끝임을 인정해야 한다. 한 마디로 서양인들에게 성적 사랑이란 열정적 사랑이 외적으로 표현된 높은 종교적 이상이다. 그래서 단순한 쾌락 또는 이해타산 또는 심지어 의무를 위해 시작된 본능은 필연적으로 부도덕한 것으로 간주한다. 이런 의미에서 서구 문화는 개인의 궁극적 발전을 중요하게 받아들인다. 진정한 개인성에 의한 결혼은 정신적·육체적 열정의 영원한 통합을 보장한다는 입장이다. 반대로 더 이상 사랑하지 않는 사람들, 예를 들면 습관이나 이해타산 또는 아이에 대한 의무감 속에 있는 다수의 사람들은 열정 없는 결혼의 지속을 강요당한다. 그들은 진정

서구의 결혼관이 낭만적 사랑과 자유로운 선택에 기본을 둔다면, 힌두에게 결혼은 아이를 키우기 위한 사회적 의무와 책임의 관계다.

한 상호 발전 관계를 유지할 수 없다.

한편, 힌두에게 결혼이란 아이를 키우기 위한 사회·윤리적 의무와 책임의 관계다. 그런 의미에서 힌두는 낭만적 사랑을 인정하지 않는다. 낭만적 사랑의 마력은 사랑하는 사람과 사랑받는 사람을 정신적으로 통합시키지만, 이것은 잠깐 동안 유지될지 모르는 환상이다. 사랑하는 사람의 입장에서 낭만적 사랑은 서로에게 공동의 이익과 공동의 의무와 우정, 애정과 인내에 의한 성숙을 발견하는 방법이지만, 사랑받는 사람이 상식을 깨고 비현실적으로 행동한다면 이는 곧바로 관계의 부정으로 치닫게 된다.

낭만적 사랑의 끝에 나타날 수 있는 이혼과 또 다른 상대와의 새로운 결혼을 반복하는 서구적 결혼관을 힌두들은 받아들일 수 없다. 그들에게 짧은 경험을 내포하는 낭만적 사랑은 반사회적으로 인식될 뿐이다. 힌두의 결혼은 전통적 삶의 수행이지 감수성의 사건에 의지하지 않는다. 힌두 사회에서 결혼이란 단순한 개인의 선택을 넘어 사회·윤리적 관계이다. 그러므로 힌두 사회는 전체 사회의 도덕적 기반을 중요하게 생각한다. 인도에서 가족은 사회조직의 중요한 요소인 것이다.

이러한 동양과 서양의 결혼과 가족제도의 차이를 통해 우리는 다시 한 번 우리 자신에게 물어보아야 한다. 정상적 결혼의 건설적 기초로서 과연 우리는 무엇을 인정할 것인가. 여성은 어떻게 그녀 자신을 표현할 수 있을까. 이러한 질문에 대한 인도의 답변은 단순하다. 인도 여성에게 있어 여성이 되는 삶의 기회는 사회적으로 잘 주어져 있기 때문에 그녀는 자신을 표현하려고 애쓸 필요가 없다는 것이다. 인도 여성들에게 삶의 문제는 표현이 아니라 실현의 문제다. 인도 사회는 여성에게 사랑의 표현보다는 결혼의 실현을 통해 여성의 여성되기를 그 기회로 제공하고 있다.

한편, 서구 사상의 유입 속에 살고 있는 우리에게는 무엇보다도 사랑의 문제가 중요한 삶의 목표가 되고 있다. 오늘날 사랑이란 여성에게 표현의 기회를 제공하는 셈이다. 하지만 사랑에 성공했을 때만이 결혼을 요구할 수 있기 때문에 만약 실패했을 경우 떠안게 되는 책임은 여성에게 또 다른 고통을 안겨준다고 할 것이다. 과연 어떠한 삶의 방식이 여성을 위한 것인가. 여성으로서 행복한 삶을 이끌기 위한 동양과 서양의 경쟁은 아직까지도 계속되고 있다.

힌두 브라만 여인들

힌두 전통에 묶인 브라만 여인들의 삶의 방식

두 브라만 친구가 있다. 락슈미아 굽타. 두 친구 모두 자신은 개인주의자라고 이야기한다. 정치적으로는 사회주의를 지원한다. 그들은 오늘날 인도에서 자신의 위치는 출신에 의한 카스트가 아닌 자본주의 사회구조에 따른 계급이 결정한다고 생각하는 인텔리들이다. 하지만 오늘날 인도 사회의 젊은이들에게 정말로 카스트는 아무런 의미도 없는 것일까. 단지 계급만이 중요한 것일까. 이 두 친구들의 가족 구성 속에서 우리는 카스트와 계급이 서로 맞물려 있음을 감지할 수 있다. 카스트는 하나의 특권이며, 그 특권을 이용해 새로운 지배 계급으로의 편입을 꿈꾸게 되는 것이다.

락슈미는 아버지가 일찍 돌아가셨기 때문에 어머니와 함께 살고 있다. 인도에서 남편의 부재, 한 마디로 미망인의 위치는 아주 비참하다. 락슈미의 어머니는 핵가족 안에서 세 자녀를 돌보고 있다. 똑똑한 인텔리 여성답게 락슈미는 자신의 미래를 스스로 개척하기 원한다. 그녀는 여성운동에 관심을 가지고 있는 페미니스트라고 자신의 정체성을 세워 나가고 있는 중이다. 기존의 전통이 자신을 억압한다면 당연히 자신의 행복을 위해 새로운 가치를 찾을 것이다. 개인의 행복을 강하게 주장하는 그녀의 결혼관은 다분히 자유

주의적이다. 사랑하는 사람을 스스로
선택해서 결혼하겠다는 것이다. 사실
정통 힌두 사회에서 자녀의 결혼은 부
모의 몫이었다. 하지만 아버지가 부재
한 상황 속에서 자유연애를 통해 자신
의 미래를 개척하겠다는 그녀의 선택은
차선이다.

어떤 제도가 개인을 도울 수 없을 때
개인은 절망한다. 그 절망이 개인으로
하여금 비로소 그 제도의 모순에 눈뜨
게 한다. 모순을 극복하는 두 가지 방법
이 있다면, 하나는 그 모순을 받아들이
고 평생 팔자타령이나 하며 살거나, 아
니면 자신의 행복을 스스로 만들어 나
가면서 자신의 가치관을 형성하는 것이

인도 여인들이 가장 이상적인 여인상으로 생각하는 락슈미는
비슈누의 아내로 부와 행운을 가져다주는 여신이다.

다. 남성 중심의 사회에서 여성이 덤벼보기에는 어느 것 하나 쉽지 않다. 그
녀는 힌두 정통에 묶인 브라만 여성의 지위가 무엇을 가져다주는지를 안다.
특히 아버지가 부재한 미망인의 딸인 자신의 처지가 어떤 사회적 위치에 있
는지를 너무나 잘 알고 있다. 그래서 적극적으로 서구의 여성이론을 받아들
인다. 그녀는 이 서구이론을 통해 자신의 사회가 가지고 있는 모순을 인식해
나갈 것이다. 그 모순과 싸우면서 개인의 행복과 사회의 인습 사이에서 또
한 번 절망할지 모른다. 하지만 자신의 행복을 위해 싸워 나갈 것이다. 진보
적 개인주의 입장이다.

한편, 굽타의 가족은 전형적 힌두 가족을 구성하고 있다. 이 가족은 힌두

신 중에서 보호의 신인 비슈누를 믿고 있다. 그래서 그들의 가족 구성과 가족에 대한 보호는 매우 강고하다. 아직도 남인도의 전통 중에는 모계제에 의한 사촌 간의 결혼Cross-cousin이 남아 있다. 굽타의 가족은 이러한 제도적 틀 속에 있다. 이 봉건적 결혼제도를 통해 그들은 철저히 여성과 재산을 보호하기 원한다.

굽타의 가족은 그의 어머니를 보호하는 삼촌의 보호 아래에서 가족을 이루며 살고 있다. 만약 굽타의 어머니가 미망인이 된다면 삼촌은 그의 어머니를 보호할 것이다. 조카와 결혼한 삼촌은 미망인이 된 누이를 보호해야 할 의무를 가진다. 굽디의 누이의 경우가 있다. 그의 누이는 같은 카스트와 세급이 허용하는 한도에서 연애결혼을 했다. 하지만 누이의 남편에게는 재산과 아이에 대한 아무런 권한이 없다. 단지 그는 여성을 보호하는 역할만을 하게 된다. 이 브라만 여성 또한 앞으로 그녀 남편이 먼저 죽는다면 그녀 삼촌의 보호를 받을 것이며, 누이에게 딸이 있다면 삼촌인 굽타의 보호 아래 자라날 것이다. 그리고 굽타는 삼촌의 딸과 결혼해서 그 여성을 보호해야 한다. 즉, 여성 보호를 대가로 여자 형제들과 남자 형제들이 자신의 아들과 딸들을 교환하고 있는 셈이다. 죄송적으로 굽타가 누이의 딸을 보호하는 대가로 누이의 아들은 장차 굽타의 딸과 결혼하게 될 운명이다. 이것이 남인도 지방에 내려오는 사촌 간의 결혼제도이다.

결국 이 제도는 힌두 여인들에게 재혼이라는 것이 허락되지 않는다는 결론에 도달한다. 물론 법률적으로 재혼은 허락되어 있다. 여기에서 우리는 인도의 법과 현실의 차이를 살펴볼 수 있다. 그들은 여성을 재산과 순결의 잣대로 본다. 여성에 대한 물적 접근인 것이다. 그래서 여성은 힌두 전통 시스템 아래에서 철저히 보호되어야 한다. 이 브라만 남성들은 여성을 보호해야 한다는 명분 아래 사촌 간의 결혼을 제도로서 받아들인다. 고대부터 내려온

힌두교의 3대 신인 브라마, 비슈누, 시바와 그들의 동반자 (사라스바티, 락슈미, 파르바티)

이 제도는 오늘날까지 강고한 힌두 브라만 계급의 가족제도를 형성한다. 당연히 굽타의 여성관은 정통 힌두를 위해 여성은 보호되어야 한다는 관점이다. 보수적 개인주의 입장이다.

힌두의 이 강한 가족제도는 우리의 눈에는 쉽게 이해되지 않는다. 하지만 왜 그러한 결혼의 형태가 존재하는가의 이면을 들여다보면 거기에는 재산과 여성에 대한 그들 나름대로의 독특한 관점을 엿보게 된다. 여성의 지위에 대한 사회의 낮은 인식, 이민족의 침입으로부터 여성을 보호해 순수 아리안 혈통을 유지하겠다는 것과, 그들의 재산이 외부 세력에게 유출되는 것을 막기 위한 지극히 현실적 생존의 한 방법인 것이다.

인도 역사는 오랜 이민족 침입의 역사이다. 600년간의 무슬림 지배와 200년간의 영국 지배를 상상한다면, 인도의 힌두들은 800년이라는 엄청난 시간을 피지배 계층으로 살아왔다. 이방인과 함께 살아오면서 그들은 고유의 전통과 혈통을 지키기 위해 나름대로 자신을 지키는 독특한 생존 방법을 깨달

앉던 것이다. 예를 들면, 우리의 시각에서 '사티Sati'라는 풍습은 분명히 비인
간적이다. 사티는 사망한 남편을 화장하는 장작더미에 살아 있는 부인을 함
께 화장시키는 풍습이다. 이것의 기원은 과거 한 미망인이 죄를 정화하는
불꽃을 통해 죽은 남편과 재결합하기를 열망하여 행한 '자발적' 행동이었다.
한 여인의 고귀한 사랑의 존재 형태로 알려져 온 풍습이 현실에서는 다양하
게 변형되어 나타난다. 만약 이민족이 침입하여 여성들을 겁탈하게 되는 경
우 여성들은 자신의 순결을 지키기가 어렵다. 이때 자신을 지키기 위한 최후
의 고귀한 형태로 사티가 선택되었을 것이다. 또 다른 경우는 현실주의자들
에게 악용된 형태로서 그것의 내막은 철저한 가부장제도에 의한 여성의 일
방적 희생이다. 남편이 먼저 죽었을 경우, 그들의 재산은 미망인에게로 돌아
간다. 당연히 시댁에서는 아들의 재산이 처가로 유출되는 것을 원하지 않을
것이다. 이럴 경우 미망인은 고귀함이란 허울 아래 남편과 함께 장작더미에
서 태워졌을 것이다. 이 제도는 19세기에 이르러 서구 세력인 영국에 의해
폐지되었다.

결국 여성에 대한 사회적 시각이 문제인 것이다. 무엇보다도 이러한 제도
가 왜 존속해왔고, 어떻게 기능해왔는지 그것의 본질을 보는 것이 중요하다.
그러한 본질 속에서만 다른 나라의 문화와 풍습을 그들의 입장에서 이해할
수 있다. 어쨌든 우리의 시각에서는 이해하기 쉽지 않은 다른 모습인 것만은
사실이다.

오늘날도 간혹 신문지상에 '사티'와 관련한 기사가 실리곤 하지만, 인도
정부는 이러한 사실을 강력하게 부인하고 있다. 어느 곳에서나 인습은 오래
남는다. 그리고 이러한 인습이 문화가 되고 있는 것 또한 사실이다. 나와
다르다고 무작정 비난하기에는 인도에 대해서 너무나 모르고 있는 것은 아
닐까.

당신은 신을 믿습니까?

이방인들이 받는 최초의 질문

"당신은 신을 믿습니까?"

인도에 오자마자 모든 이방인들이 인도인들에게 받는 최초의 질문은 아마도 이 물음일 것이다. 나의 인도 친구들은 내가 무슨 신을 믿는지 항상 궁금해 했다. 그러면서 자기들은 시바 신, 비슈누 신, 크리슈나 신, 하누만 신 등을 사랑한다고 말하는 것이다. 이렇게 그들이 무슨 신을 믿는지 궁금해 하는 데는 모두 이유가 있다. 언어·인종·종교·민족 등이 복잡하게 얽혀 있는 인도 사회에서 신의 존재는 인도인들의 정체성을 말해주는 중요한 요소가 된다. 왜냐하면 높은 계급이 믿는 신과 낮은 계급이 믿는 신이 각기 다르기 때문에 그들은 무슨 신을 믿는지를 통해 상대방의 사회적 지위와 카스트를 가늠하곤 하는 것이다. 예를 들면 상층 브라만 계급에게는 영원한 안정을 위해 보호의 신 비슈누가 절대적이라면, 하층 계급에게는 삶의 에너지를 주는 하누만 신이 필요한 것이다. 현실적 처지가 다르듯 개개인이 현실로부터 원하는 것도 다를 수밖에 없고, 그래서 신의 모습 또한 오직 하나의 신만이 존재하는 것이 아니라 다양한 사람들만큼이나 무수한 신들이 존재해야 한다는 것이다. 이렇듯 인도인들에게 신은 현실 속에서 존재하는 아주 구체적인 모습이다. 인도

원숭이 신 하누만이 라마 왕에게 알현을 청하고 있는 《라마야나》의 한 장면. 계급에 따라 서로 다른 신이
존재한다는 다신교 사상은 힌두교로 대표된다.

사회가 보이지 않는 계급 사회이며 신들의 나라임을 느끼게 되는 것은 바로
여기에서부터이다.

계급에 따라 서로 다른 신이 존재한다는 다신교 사상은 힌두교로 대표된
다. 힌두교는 몇 천 년 동안 인도인들의 정신세계를 지배해오면서 전통 종교
로 자리잡았다. 이슬람교나 기독교의 침입에도 그 종교적 믿음은 파괴되지
않고 계속되었다. 그들은 과연 어떻게 외부 종교의 침입으로부터 그들 자신
을 지킬 수 있었던 것일까. 자신의 종교를 지키기 위해 얼마나 강고한 내부
체계를 가졌던 것인가. 이 끈질긴 생명력 때문에 우리는 인도와 인도인에 대
한 두려움에 사로잡히는지도 모른다.

힌두교의 가장 대표적 사상은 윤회 사상이다. 이것은 전생의 업(카르마)을
가지고 다시 내생에 태어난다는 인도인들의 내세관으로서 아주 독특한 인도

이티마드 우드 다울라 (Itimad-Ud-Daulah) 무덤. 무굴제국 4대 황제 자항기르의 아내이자 샤자 한의 어머니인 누르 자한 황후가 아버지 미르자 기야스 벡의 영묘를 아그라에 지었다. 이 아름다운 무덤은 타지마할에 영감을 주었으며, 최초의 대리석 무덤이다.

만의 문화이다. 오늘날 많은 여행자들이 이야기하는 인도의 신비로움은 바로 이 윤회 사상에서 비롯된다. 이 신비로운 사상인 윤회 사상을 이해하지 않고는 인도인에 대해 이해할 수 없다.

인도인의 윤회 사상을 니체의 영원회귀 사상과 비교해 보면 흥미로운 차이점을 발견하게 된다. 이 두 사상은 서구의 가치 체계인 이성과 합리정신에 대해서는 부정적 입장을 취하지만, 도덕성과 관련한 입장에서는 근본적으로 다른 믿음 체계를 가지고 있다. 니체의 영원회귀는 절대적 진리나 도덕의 객관적 근거를 부정한 반면, 인도인들이 믿는 윤회 사상은 도덕적 결과를 그 믿음 체계로 하고 있다.

윤회 사상에 따르면, 세계는 정신적일 뿐 아니라 도덕적이다. 그러므로 도덕적 영역에서 씨를 뿌린 사람은 누구든지 간에 수확을 해야 한다고 믿는다.

이티마드 우드 다울라 무덤 내부의 화려한 인테리어

이러한 믿음이 더 나은 삶으로 다시 태어날 수 있는 여지를 제공한다. 이 것은 인도인들 누구나가 믿는 내세관 이라 할 것이다. 니체의 영원회귀가 절대적 진리를 부정함으로써 인간에 게 행동의 자유로움을 추구하도록 했 다면, 내생에 다시 태어난다는 인도 의 윤회 사상은 행동의 제약을 통해 현실에서의 변화보다는 순응의 삶을 살도록 한다. 이것은 도덕적 삶에 대한 근본적 차이를 보여준다.

오늘날 우리 사회가 안고 있는 변화와 개혁의 복잡성도 따지고 보면 이러한 태도의 차이와 연관되어 있다. 무엇보다도 서구의 합리주의 체계 속에서 우리는 일대 지각변동에 가까운 가치관의 변화를 겪고 있다. 예를 들면, 구조조정으로 행해지는 인간관계의 '깨끗한' 정리해고를 과거 전통 사회 속에서는 상상할 수 없는 노릇이었다. 이성과 합리가 이끌어내는 단절성보다는 인간관계의 연속성을 중요하게 생각했다. 인도는 바로 이러한 전통적 믿음이 아직까지도 살아 있는 나라다. 인도인들은 변화와 발전이라는 이름으로 행해지는 인간관계의 단절성을 인정하지 못한다.

인도인들이 믿는 윤회 사상은 일시적 삶의 방편을 넘어 암묵적 사회의 약속이며, 바로 그 토대 위에서 그들 개개인의 삶이 진행되고 있다. 이러한 그들의 삶의 방식은 이미 서구 문화에 길들여진 우리를 당황시키기에 충분하다. 왜냐하면 그들은 관계의 한정 없이 다음 날 또 다른 얼굴로 당신에게 다가올 것이기 때문이다. 인도에서 우리는 언젠가는 다시 만나야 하는 존재가 된다.

"당신은 무슨 신을 믿습니까?"

카오스의 세계에서 이 물음이야말로 진정한 의미를 가질지 모른다. 각자의 믿음 체계에 따라 친구와 적을 구분하는 기준이 될지도 모르는 일이기 때문이다. 영국 학자인 찰스 핸디는 이 혼란의 시대를 향해 새로운 메시지를 던진다.

"나는 언젠가 이 세상에 올 커다란 충돌은 국가나 상반된 경제 체제가 아닌 믿음의 체계, 즉 때로는 종교(예를 들면 이슬람교), 때로는 문명(인도와 중국), 그리고 때로는 문화(서구 문화)라 불리는 믿음 체계 사이에서 일어날 것이라고 생각한다."

오늘날 우리는 무슨 신을 믿으며, 어떤 문명권에서 어떤 문화를 향유하며 살고 있는가. 오늘날 서구 문화가 만들어온 발전이라는 이름 앞에서 얻은 것은 무엇이고, 잃은 것은 무엇인가. 그리고 앞으로 우리가 만들어 가야 하는 세상은 어떤 모습이어야 하는가. 동양에 이식된 서구 문화는 성공한 것인가, 실패한 것인가. 이 질문에 대한 답을 찾는 것이 아마도 오늘날 우리에게 부과된 과제가 아닐까 싶다. 인도는 이 모든 문제들을 부끄러움 없이 우리 앞에 드러낸다. 인도는 바로 우리의 과거 모습이기도 하지만 앞으로 올 미래의 모습 중의 한 면을 보여주기도 하는 것이다.

나와 다른 삶의 태도를 통해 반대로 우리는 인도에서 '나는 누구인가' 하고 묻는다. 하지만 자기 이해의 불가능성으로 자기와 타자 간의 절대적 차이만을 발견하고 허탈하게 돌아올지도 모른다. 이러한 절대적 차이야말로 우리에게 신비로서의 인도를 상상하게 만드는 거리감일 것이다.

2

자기 성찰의 시간

··· 치유과 위안을 찾아서 ···

우리는 왜 떠나려는 것일까?

길을 떠나기 전에 자기 자신을 이해하라

우리는 왜 떠나려는 것일까. 어디로 가야 하는지에 대한 답을 잃었을 때 진정 여행을 떠나야 하는 때라는 말을 어디선가 들은 기억이 난다. 잠깐 동안의 부재가 자신의 존재를 다시 확인시켜주기 때문일 것이다. 자신의 존재에 대한 확인을 통해 비로소 우리는 앞으로 나아갈 수 있는 방향성을 찾게 될지 모른다. 이것이 우리의 인생에서 여행이 필요한 이유이리라. 우리는 모두 때때로 길을 잃고 헤맨다. 나와 다른 풍경으로의 여행은 우리에게 새로운 길을 보여주고, 자신으로 다시 돌아올 수 있는 진정한 삶의 깨달음을 준다.

20세기 위대한 성자인 크리슈나무르티는 말한다.

"길을 떠나기 전에 자기 자신을 이해하라."

그는 먼저 자기가 의도하는 것을 마음속에 명백히 하도록 타이른다. 영원하고 절대적인 것을 찾고, 그것에 의지하는 것은 자신을 알아가는 데 도움을 주지 못한다고 말한다. 우리가 찾고 있는 대상을 발견하기 전에 그것을 찾고 있는 '나'를 이해하는 것이 중요하다는 것이다. 그래서 자기 자신을 아는 것, 바로 그것이 무엇인가를 쌓아올릴 수 있는 토대가 된다는 것이다. 그가 생각하는 성실한 인간이란 자기 자신을 이해하는 일에 철저히 맞설 수 있는 사람이다.

위대한 명상 시인 칼릴 지브란은 세상은 슬픔 반, 기쁨 반이라는 지혜의
말을 들려줌으로써 삶에 대한 긍정에 이른다.

그대들의 기쁨이란 가면을 벗은 그대들의 슬픔.

그대들의 웃음이 떠오르는 바로 그 샘이 때로는 그대들의 눈물로 채워진다.

그러니 어찌 그렇지 않을 수 있겠는가?

그대들의 존재 내부로 슬픔이 깊이 파고들면 들수록

그대들의 기쁨은 더욱 커지리라.

두 공이 가마 속에서 구워진 그 잔이 바로 그대들의 포도주를 담는 잔이 아닌가.

칼로 후벼 파낸 바로 그 나무가 그대들의 영혼을 달래는 피리소리가 아닌가.

그대들 기쁠 때 가슴속 깊이 들여다보라. 그러면 알게 되리라.

그대들에게 기쁨을 주었던 바로 그것이 그대들에게 슬픔을 주었음을.

그대들 슬플 때에도 가슴속을 다시 한 번 들여다보라. 그러면 그대들,

그대들에게 기쁨을 주었던 바로 그것 때문에 이제 울고 있음을 알게 되리라.

슬픔과 기쁨이 마치 똬리를 틀고 있는 뱀처럼 다가오지 않는가.

나를 찾아 떠나는 여행의 닻은 겨울바다 위에 던져졌다. 델리의 겨울은 깊
은 안개와 함께 시작한다. 이렇게 지독한 안개는 처음인 것 같다. 오리무중의
안개 속을 뚫고 델리의 기차역으로 한달음에 달려갔다.

델리의 겨울 안개를 피해 인도 최남단에 위치한 케랄라Kerala 행 티켓을 끊
었다. 10억에 가까운 인구의 이동을 통제해야 하기 때문에 인도에서는 항상
미리미리 티켓을 예매해야 한다. 기차표를 예매하기 위한 절차에서 가장 먼
저 해야 할 일은 서류 작성이다. 일일이 본인의 신상 명세와 함께 가고자 하

는 목적지와 기차 이름을 '기록'해야만 한다. 이 서류를 창구에 접수시키고 한참을 기다려야지만 비로소 목적지의 티켓이 발매된다. 이러한 복잡한 절차는 인도의 철도 시스템이 우리의 상상을 뛰어넘어 방대한 그물망을 형성하고 있음으로 보여주는 한 단면이다.

19세기 영국 식민지 시대에 형성된 철도시스템은 인도의 신경망을 연결하는 거대한 산업프로젝트였다. 하지만 거대한 산업을 움직이는 행정절차는 인도인들의 성격만큼이나 느리기만 하다. 이러한 행정상의 번거로움과 계속되는 기다림은 시, 분, 초를 다투며 21세기를 살아가는 우리의 시각으로는 답답하기 짝이 없는 거추장스럽고 쓸데없는 절차로만 보인다. 합리성의 명목 아래 생긴 제도인데도 불구하고 합리성은 전혀 느껴지지 않는다. 하지만 이것이 오늘날 인도의 현실이다. 끊임없는 기다림. 기다리다 보면 언젠가 자신의 차례가 올 것이라는 믿음이 아니라면 이렇게까지 기다림에 익숙해 있지 않을 것 같다. 그들의 기다림의 철학은 일상생활 어디에서나 계속되고 있었다.

언제나 안개가 걷히면 밝은 햇살이 찾아오지 않던가. 안개 속을 탈출하는 기분이 되어 델리를 탈출한다. 탈출이란 언제나 가슴 벅참이다. 이러한 가슴 벅참을 느끼기 위해 우리는 안락한 머무름을 박차고 또 다른 미지의 세계로 기꺼이 떠나는 것이리라. 가방에 옷가지를 챙기고, 지도를 준비하고, 간단한 먹을거리와 티켓을 준비하면 모든 준비는 끝난다. 그런 다음 가방을 메고, 운동화 끈을 질끈 조이면 발걸음은 어느새 미지의 세계로 달려간다. 이것은 자유에 대한 갈망이기도 하다. 무엇인가 우리를 억압하고 묶어놓은 것으로부터의 탈출. 그것을 우리는 자유라고 부른다. 하지만 자유는 자유를 모른다. 억압 속에서 비로소 우리는 어렴풋이 자유를 향한 날갯짓을 한다. 자유를 향한 그리움의 날갯짓을 한다. 깃털과 깃털 사이를 간질이는 바람은 분명 우리를 새로운 세상으로 데리고 가는 날개짓인 것이다.

우리는 왜 떠나려는 것일까. 이유는 간단하다. 자유를 위해. 자유와 여행. 그것은 현실이 안겨주는 많은 좌절과 절망을 넘어 출발을 위한 출발이다. 이렇듯 자유는 얼마나 소중한 가치인가. 그 자유 속에서 진실한 사랑을 다시 찾는다면 우리의 삶이란 살 만한 가치가 충분한 아름다움이다. 나에게 이것은 생의 비밀처럼 다가오고 있었다.

어수선한 기차역에 익숙해지려면 시간이 걸릴 것 같다. 어느 사진작가가 찍은 델리 역의 기가 막힌 북새통은 카오스의 세계를 상상하게 만든다. 아마도 우주 탄생 최초의 상태인 카오스가 존재했다면 바로 이러한 모습이 아니었을까. 그 디립고 혼란으로 가득 찬 델리역 굉징을 보고 어띤 사람들은 인도 여행을 포기했다고까지 하지 않는가. 하지만 이제 여행을 시작하려는 사람에게 이러한 카오스는 단지 신비로움일 뿐이다.

카오스의 신비. 카오스의 신비 너머에는 무엇이 기다리고 있을까. 두려움보다 호기심이 앞서지 않는다면 어느 누구도 여행을 떠나지 못하리라. 그러므로 여행이란 두려움을 넘어서는 일이다. 그것은 이 세계가 두려움의 세계가 아니라 단지 아직까지 내가 모르고 있는 또 하나의 세계가 있음을 확인하는 과정일 뿐이다.

라마야나와 디왈리 축제
빛의 축제로 시작하는 겨울의 알림

인도의 디왈리Diwali 축제는 여름이 끝나고 겨울이 다가옴을 알리는 인도의 가장 큰 축제다. 모든 거리와 집들은 새로운 시작을 알리기 위해 기름 램프에 불을 지핀다. 어둠을 몰아내는 의식이다. 사람들은 어둠의 통과를 기념하기 위해 새 옷을 입고 선물을 교환하며, 모든 집들은 반가움으로 마음의 문을 활짝 연다. 이 화려한 디왈리 축제가 끝나면 겨울이 시작될 것이다.

디왈리의 전설은 《라마야나》에서 시작한다. 《라마야나》는 세계에서 가장 긴 서사시로 힌두 문학을 대표한다. 그 기원은 기원전 3세기경 시인 발미키Valmiki에 의해 편찬된 '라마 왕의 이야기'로 알려져 있다. 그것은 격렬한 전투와 악에 대한 선의 승리를 이야기한다. 오늘날 《라마야나》에는 2만 4천 편이 넘는 시가 존재하는데, 인도인들이 가장 사랑하는 문학으로 자리 잡고 있다.

《라마야나》는 《마하바라타》와 함께 인도에서 전해오는 위대한 서사 문학이다. 이 서사 문학은 굽타Gupta 왕조(4세기에서 5세기에 전성기를 누림) 시대에 산스크리트어로 다시 쓰게 되는데, 그 동기는 이민족이 인도인에게 끼친 비아리아적 요소를 제거하기 위한 것이었다. 이렇게 해서 힌두 문학은 굽타 왕조

디왈리(Diwali)는 힌두 달력 여덟 번째 달(카르티카Kārtika) 초승달이 뜨는 날을 중심으로 닷새 동안 집과 사원 등에 등불을 밝히고 힌두교의 신들에게 감사의 기도를 올리는 전통 축제다.

시대에 찬란한 완성을 보게 된다. 오늘날까지 전해 내려오는 이 텍스트는 인도인의 삶과 의식에 많은 영향을 끼치며 독특한 힌두 문화를 이루었다. 모든 신화가 그 상징을 가지고 있듯이, 우리는 이 텍스트를 통해 인도의 사회윤리 의식을 상상할 수 있다.

전설에 따르면, 아요디아 Ayodhya의 왕자 라마 Rama는 비데하의 공주 시타 Sita와 결혼했다. 비록 라마가 정당한 왕의 계승자였을지라도 그의 아버지는 젊은 아내의 아들을 선호하여 라마와 시타, 그리고 그의 형제 락슈마나 Rakshmana를 멀리 추방해버린다. 왕에 의해 쫓겨난 그들은 14년 동안 숲속에서 피난처를 구해 거기에서 은둔자로 살았다. 그러던 중 시타는 랑카(스리랑카)의 악마 왕인 라바나 Ravana에 의해 납치되고, 라마는 원숭이 신 하누만의 도움을 받아 납치된 그의 아내 시타를 구출하게 된다는 이야기이다.

아요디아 왕국으로부터 추방당한 라마와 그의 아내 시타, 그리고 그의 형제 락슈마나는 14년 동안 숲속에서 은둔자로 살았다.

랑카의 악마 왕인 라바나에 의해 납치되는 시타

악마 왕에 의해 납치된 시타가 자신의 순결성을 증명하기 위해 불타는 상삭
더미에 자신을 내던지는 장면.

흔히 인도 서서시의 역사에서 라마는 비슈누 신의 화신으로 사회윤리를 반영하는 거울로서 존재한다. 라마는 납치되어 돌아온 아내가 정절을 지켰음을 확신했을지라도 아내를 추방할 수밖에 없는 위치에 서고 만다. 왜냐하면 사람들은 시타에 대한 의심을 멈추지 않기 때문이다. 시타의 정절은 지켜졌지만, 다른 남자의 집에서 산 적이 있는 아내를 받아들인다면 대중의 도덕성이 위험에 빠질 것이라는 논쟁이 제기되었던 것이다. 사회적 질서는 남자든 여자든 간에 개인의 행복보다 우선시되어야 한다는 논리였다. 이것은 자기 선택에 의한 서구의 연애결혼과 달리 중매결혼이 사회질서를 위해 좀 더 평화적이라는 논리를 설명하는 부분이기도 하다. 힌두에게 있어 결혼이란 사회적 의무가 완성되고 사회적 책임이 지불되었을 때만이 깨지지 않고 유지된다는 입장이다. 결국 시타는 자신의 순결성을 증명하기 위해 불타는 장작더미에 자신을 내던지게 되는데, 이때 불의 신 아그니가 그녀를 구해주면서 비로소 그녀의 순결성이 증명된다. 이로써 시타는 그녀의 사랑하는 남편과 다시 결합할 수 있었다.

이 이야기가 《라마야나》의 주요 뼈대이다. 라마와 시타의 모험이야기는 인도의 가장 위대한 문학뿐 아니라 인도의 가장 훌륭한 조각, 그림들에도 수많은 영감을 주었다.

나는 누구인가?
오직 현명한 사람만이 눈을 안쪽으로 향한다

우파니샤드 철학에 다음과 같은 충고가 있다.

만물의 창조주는 인간의 구멍을 바깥쪽으로만 뚫어 놓았다.
따라서 인간은 오로지 바깥쪽만을 보고 안쪽은 보려고 하지 않는다.
오직 현명한 사람만이 눈을 안쪽으로 돌려 참나(眞我)를 본다.

자기 응시의 중요성을 깨우치는 이 글은 우리에게 '나'의 중요성을 묻는다. 아마도 그 당시 인도인들 역시 자기를 찾는 것보다는 브라만교의 형식성에 운명을 맡기며 살고 있었을 것이다. 이러한 의식의 형식성은 반대급부로 개인의 해방을 간절히 소망하게 했다.

그렇다면 왜 그토록 개인의 해방이 중요한 것인가. 그것은 사회구조 속에 잠재된 권위와 인습의 부당함을 보았기 때문이다. 하나의 구조가 철옹성이 되면 그때부터 권위가 판을 치고, 그 권위의 유산들은 개인을 말살해버린다. 이에 우파니샤드 철학은 개인의 해방을 강조함으로써 형식적 구조에 반기를 들었을지 모른다.

그런데 이 우파니샤드의 문제제기가 왜 오늘날 우리의 마음을 다시 사로잡는 것일까. 그것은 우리 사회의 구조성과 관련된다. 하나의 구조가 완성되는 과정에서 우리 역시 권위와 인습의 병폐를 본 것이다. 70년대 경제 성장을 통해 자본주의 국가로 거듭나면서 우리 사회에 퍼진 황금만능주의의 병폐가 여기에 해당한다고 할 것이다. 경제 성장의 역기능만을 보았을 때 그렇다는 것이다. 이런 의미에서 오늘날 '나는 누구인가'라는 질문은 권위와 인습에 함몰된 구조를 변화시키는 작은 내면의 목소리가 될 수 있다.

나는 누구인가. 내가 누구인지 어느 누가 대답해줄 수 있을까. 그것은 바로 관계를 맺고 있는 타인의 존재를 통해 알 수 있다. 나의 존재는 바로 타인과의 관계 속에서 규정되는 것이다. 여기에 진정한 자기 발견의 열쇠가 숨어 있다. 그러므로 이 물음은 감정의 문제다.

"나는 당신을 좋아합니다."

이 문장에는 나와 당신의 이야기가 있다. 내가 존재하고, 당신이 존재한다. 그리고 나와 당신을 열어주는 감정이 존재한다. 이 감정을 통해 나는 당신에게 다가간다. 당신의 문이 열린다. 비로소 우리는 친구가 된다.

소혹성의 어린왕자는 여우에게 묻는다.

"난 친구들을 찾고 있어. 길들인다는 게 뭐지?"

여우는 어린 왕자에게 말했다.

"그건 너무 잘 잊혀지고 있는 거지. 그건 관계를 맺는다는 뜻이야."

여우는 친구를 가지고 싶다면 자신을 길들이라고 말해준다. 너무나 잘 알려져 있는 생텍쥐페리의 《어린왕자》는 나와 너의 관계가 무엇인지를 잘 보여준다. 그리고 내가 너에게 다가가기 위해 어떻게 해야 하는지에 대한 방법론까지 제시해준다. 그는 아름다운 삶이란 관계에서 오는 것임을 명료하게 꿰뚫고 있었다. 진정한 생의 비밀이 무엇인지를 감지하고 있었다.

하지만 우리는 왜 더 이상 아름다운 삶을 원하지 않는 것일까. 이유는 간단하다. 변화를 원하지 않기 때문이다. 우리에게 필요한 대상만을 원하기 때문이다. 그래서 여우는 다시 어린왕자에게 말한다.

"사람들은 이제 아무것도 알 시간이 없어졌어. 그들은 가게에서 이미 만들어져 있는 것들을 사거든. 그런데 친구를 파는 가게는 없으니까 사람들은 이제 친구가 없는 거지. 친구를 가지고 싶다면 나를 길들이렴."

나는 누구인가. 그래서 나는 당신에게 누구인가. 이것은 나와 너의 관계의 문제다. 우리는 모두 웨딩마치 없는 결혼의 관계 속에서 살고 있다. 관계의 그물망 속에서 살고 있는 것이다. 하지만 대부분의 사람들은 웨딩마치가 울리는 그 순간부터 문을 닫기 시작한다. 이것이 우리의 삶 속에서 왜 더 이상 '나는 누구인가'라는 질문을 하지 않는 이유일 것이다.

정체성. 결국 인간과 인간 사이의 관계라는 것은 너와 나에 대한 '감정'임을 인식하는 것이다. 그 감정이 서로를 향해 나아가게 만든다.

"나는 당신을 좋아합니다."

이러한 정체성의 흐름이 우리를 하나가 되도록 만든다. 하지만 만약 너와 나 사이에 더 이상 감정이 흐르지 않는다면 다음과 같이 물을 수밖에.

"당신은 누구인가?"

당신은 누구인가?
너무나 많은 정체성을 가진 사람들

프랑스의 뛰어난 소설가 로맹 가리의 《벽》이라는 작품은 현대인이 더 이상 다가갈 수 없는 관계의 벽을 아주 비극적으로 그려내고 있다.

어느 크리스마스에 한 청년이 시체로 발견된다. 고독을 이기지 못해 스스로 목을 매고 자살한 사건이다. 왜 이 청년이 자살을 선택할 수밖에 없었는가. 그 즐거운 크리스마스에. 그것은 그의 옆방에 살고 있던 한 여자와 관련해서 더욱 비극적으로 묘사된다. 자살한 청년은 종종 계단에서 마주친 옆방 여자에게 연정을 품고 있었다. 하지만 소심한 성격으로 인해 감히 말도 못 건넨 채 혼자서 그녀를 신비화시키고 있었다. 바로 그날 밤 사건이 일어난다. 옆방에서 이상한 소리가 들리기 시작한 것이다. 여자의 관능적인 신음소리는 일순간 그의 환상을 깨버린 것이다. 순수한 처녀라는 그녀의 이미지는 그대로 깨져버린다. 결국 삶에 대한 지독한 고독과 염증을 이겨내지 못하고 그는 자살을 선택한다. 하지만 그날 밤 그가 들은 신음소리는 다름 아닌 그 여자의 비명소리였다. 그 순간 여자는 음독자살을 시도하고 있었고, 그 비명소리가 그에게 관능적 신음소리로 들렸던 것이다. 오해가 빚은 비극적 상황은 바로 현대인의 더 이상 다가갈 수 없는 관계의 벽을 극명하게 보여준다.

서로에게 경쟁만이 요구되는 구조주의 속에서 사람들은 결코 자신을 드러내지 않는다. 자신의 감정을 타인에게 허락할 수 없는 사람들. 그들이 타인을 대하는 태도는 끊임없는 의심 내지는 지독한 소심성 속에 있었다. 거대한 구조주의 틀 속에서 살아가는 인도인들이 맺는 인간관계는 지독한 소심증과 소극성 속에 있었다. 이것은 변화를 두려워하는 태도라고 볼 수 있다.

하나의 구조가 강화되면 개인은 개인성을 상실하고 구조의 권위를 받아들인다. 이것은 개인성을 말살하고 개인을 수동적 인간으로 만든다. 신에 대한 절대적 복종과 카스트로 묶여진 사회적 위치, 그리고 내세에 다시 태어날 수 있다는 내세관. 이 모든 것들은 인도 사회의 구조성을 강화시킨 이데올로기이자 철학이다. 반대로 이러한 구조적 현상은 그 반대급부 사상을 태동하게 하는 원인이 되기도 했다. 인류학자 루이 뒤몽Louis Dumont은 최초의 개인주의자들로 고대 인도의 탈속적 힌두교도들을 언급했는데, 이것은 바로 이와 같은 맥락에서 유래한다고 볼 수 있을 것이다.

정체성. 나는 누구인가. 그래서 어디로 가야 하는가. 인도인들은 결코 이렇게 묻지 않는다. 브라만, 크샤트리아, 바이샤, 수드라라는 사회구조의 틀 속에서는 굳이 내가 누구인지 물을 필요가 없다. 이미 태어나면서부터 사회적 지위가 결정된 것이다. 결론은 하나이다. 인도 사회 내부의 구조적 복잡성으로 인해 인도인들은 서로에게 '당신은 누구인가'라고 묻는다. 방대한 대륙답게 언어, 종교, 카스트가 다르기 때문에 인도인들은 서로가 누구인지 모른 채 서로를 만난다. 서로가 서로에게 이방인이 되는 나라. 기차 안, 거리, 상점 등 어느 곳에서나 우리는 처음 만난 듯이 보이는 인도인들이 아주 오랫동안 알아온 사이인 양 서로 친밀한 대화를 나누는 장면을 종종 목격할 수 있다. 그리고 지금 막 친밀한 대화를 끝낸 사람들. 하지만 뒤돌아서서 오히려 그들은 내게 물을 것이다.

"당신은 그를 아는가? 그는 누구인가?"

상대방의 색깔에 따라 자신을 이리저리 바꿀 수 있는 능력을 가지고 있는 인도인들은 스스로도 너무나 많은 정체성을 가지고 있다고 말한다. 한 마디로 카멜레온과 같은 사람들. 카멜레온의 속성처럼 자기 보호를 위해 언제든지 상황에 맞게 탈바꿈할 수 있는 사람들. 그래서 인도인은 믿지 말라는 말을 한다. 너무 많은 정체성. 그것은 없는 것과 같다. 이러한 그들의 태도는 상당히 외교적이고 지극히 현실적이다. 낭만이 허용될 수 없는 구조에서 감정은 최대의 적이다. 감정은 아무도 모르게 저 밑바닥에서 흐르게 하라. 만약 감정적 당신이 그들에게 자기 감정을 드러낸다면 그들은 당신에게 다음과 같이 충고할 것이다.

"당신은 감정을 안으로 처리하는 법을 배워야 한다."

서로가 서로에게 마음을 열 수 없는 상황. 그래서 아무도 믿을 수 없는 상황. 그것은 진실과 거짓의 두 얼굴을 공존하게 한다. 그래서 과거 인도를 다녀갔던 서양 선교사들은 이렇게 말하곤 했다.

"인도인들은 일관성이 없다."

정체성이 일관성을 지향하는 것이라면, 인도인들은 분명 어느 면에서 일관성이 결여되어 있다. 이러한 태도는 그들의 약속에 대한 관념에서도 잘 나타난다. 마치 약속을 지킬 듯이 온갖 아양을 떨고 있지만, 와야 오는 것이다. 상황이 자신에게 불리하게 바뀐다면 그들은 당신과의 약속을 까마득하게 잊을 것이다. 하지만 상황이 자신에게 유리하다는 판단이 서면 아마도 웃는 얼굴로 다시 나타나서 당신의 친구임을 자처할 것이다. 마치 책임감이라는 단어를 배워본 적도 없는 천진난만한 어린아이처럼 행동하는 것이다. 하지만 어린아이와 같은 행동 뒤에 숨어 있는 또 하나의 얼굴은 이해타산이 뛰어난 현실 정치가의 모습이다. 자신의 이익을 위해 꼭 필요한 약속이라면 정확한 시간과 장소를 정해준다. 철저히 자신의 이익에 따라 행동하는 그들은 개인주의적이며, 일관된 태도가 결여되어 있는 속물 근성의 모습을 그대로 드러내고 있다. 더군다나 자신에게 책임을 묻는 상황에서는 '삼십육계 줄행랑'이 최고의 전략임을 그들은 너무나 잘 알고 있다. 이러한 비일관성은 종종 비겁함과 연결된다. 그러니 하나의 신만을 믿으며 그 이상을 추구하려는 서양인의 일관된 태도에서 본다면 인도인들은 한 마디로 믿을 수 없는 사람들일 수밖에 없다.

인도인들은 결코 관계를 한정해주지 않는다. 친구인지 적인지가 불분명한 것이다. 하지만 그들이야말로 하나의 태도 속에 엄청나게 많은 감정을 가진 인간의 본성을 너무나 잘 알고 있는 것이 아닐까. '열 길 물속은 알아도 한 길 사람 속은 모른다'고 하는 것과 같은 이치이리라.

인도인들이 당신에게 다가올 때는 나는 누구인가라는 의식으로 다가오는 것이 아니라 당신이 누구인가를 알기 위해 다가오는 것이다. 이것이 우리와 다른 그들의 숨겨진 태도이다. 그들은 당신에게 아마도 이렇게 말할지 모른다.

"우리는 너무나 많은 정체성을 가지고 있어. 그래서 우리는 서로에게 당신은 누구인가라고 묻는다. 우리는 인간관계를 한정하지 않아."

인간관계의 한정 없이 무수히 많은 얼굴을 가지고 있는 인도인들의 속성을 반성하며 우파니샤드 철학은 '나는 누구인가'에 대한 문제제기를 가졌을 것이다. 이 철학은 정체성의 중요함을 설명하기 시작한 일신론적 철학이었다. 만약 당신이 자신을 아는 것이 중요하다고 말한다면 당신은 이미 고대 우파니샤드 철학의 중심에 서 있는 것이다. 그것은 진정한 개인의 탄생을 의미하는 불꽃 같은 신호탄이 되었다.

철학의 시작, 우파니샤드

죽음으로부터 자유를 보호하라

기원전 1000년에서 500년 사이 인도인의 종교적 삶은 우파니샤드에 의해 명명되어진 철학과 신화의 시대이다. 우파니샤드의 주요 동기는 죽음으로부터 자유를 보호하기 위한 열망에서 비롯되었다고 한다. 이 사상은 후기 베다 시대를 통해 성장하고 있었다. 우파니샤드 시대는 오늘날 우리 시대의 문명 발달의 속도처럼 빠른 물질적 성장과 함께 도시 문명을 부활시킨 시대였다. 또한 인도 종교의 세속적 면이 뚜렷해지면서 지리적으로 그 지평선이 확대되고 있었다. 하지만 이러한 물질적 발전과는 반대로 새로운 사상의 발전은 금욕주의와 환생이라고 불리는 원칙의 등장과 관련되었다.

변화를 이끈 것은 새로운 종교 사제 계급이었다. 브라트야라는 사제는 기존의 베다 종교의 형식성을 벗어나 신비주의자가 되어 떠돌아다녔다. 그는 한 명의 도제와 종교 매춘을 위해 이용된 것으로 보이는 여자와 함께 소를 타고 이곳저곳을 여행했다. 자아 수행은 그의 일과 중 하나였다. 브라만교 정통파들은 그의 가르침을 베다 제도 안으로 끌어들였다. 그리고 그들은 비아리아적 믿음과 실행을 베다 종교 안에 소개했다.

반면, 후기 베다 시대의 좀 더 복잡한 희생의식은 의식을 위한 준비로서 단식과 철야와 같은 순화의식을 요구했다. 그것은 신비주의의 수행 방식인 육체의 수행을 향한 경향이 점점 성장하고 있었음을 암시한다.

영혼이 윤회한다는 믿음에 대한 기원은 정확하지는 않지만 초기 우파니샤드 시대에 분명하게 제시되었다. 영혼은 대지로 돌아와서 인간 또는 동물의 형태로 다시 태어난다고 설명해준다. 또한 여기에는 카르마(업)의 원칙이 지배된다. 영혼은 전생의 업에 따라 행복과 불행을 성취한다는 것이다.

초기 우파니샤드 시대에는 윤회와 업 사상이 새롭고 낯선 이론으로 보였다. 또한 금욕주의자들은 정통파들을 두려워하고 있었기 때문에 윤회와 업 사상을 대중화시키지 못했다. 이 이론들은 후기 우파니샤드 시대와 초기 불교와 자이나교 시대에 빠르게 퍼졌다. 이후 불교와 자이나교는 이 이론들을 그대로 받아들인다. 결국 베다 종교의 지나친 의식주의에 대한 불만족과 금욕적 방랑자와 은둔자들의 삶이 유행하면서 윤회로부터 궁극적 해방을 구하는 신비주의가 성장했다.

오늘날 우리에게 우파니샤드 철학이 새로운 사상으로 다가오는 것은 그 역사적 배경에서 찾아볼 수 있다. 우파니샤드는 인도에서 진정한 철학의 시작을 대표했는데, 바로 '개인의 발견'이라는 '아트만'에 대한 것이었다. 흔히 우주는 브라만Brahman(梵: 창조의 신이자 세상 만물을 주관하는 '우주적 자아')이고 브라만은 곧 아트만Atman(我: 개체적 자아)이라는 '범아일여梵我一如' 사상으로 알려진 이 철학은 무엇보다도 인간을 운명의 주인으로 만든다. 인간의 행위Action에 의해 윤회와 업이 결정된다는 것이다. 무엇보다도 우파니샤드 철학은 개인의 성찰을 요구한 진정한 인간 중심 철학의 시작이었다.

〈찬도기야 우파니샤드〉의 한 장면은 '범아일여'에 대한 철학적 사상을 유추적 관점에서 알기 쉽게 전해주고 있다. 아버지와 아들의 대화를 들어보자.

아버지 : 저 보리수나무 열매를 가져 오너라.

아들 : 여기 가져왔습니다.

아버지 : 그 열매를 쪼개 봐라.

아들 : 쪼겠습니다.

아버지 : 그 속에 무엇이 들어 있느냐?

아들 : 작은 씨들이 들어 있습니다.

아버지 : 그 작은 씨앗 하나를 쪼개 봐라.

아들 : 쪼겠습니다.

아버지 : 그 씨앗 속에 무엇이 보이느냐?

아들 : 아무것도 보이지 않습니다.

아버지 : 아들아, 바로 그것이다. 네가 볼 수 없는 미세한 것, 그 미세함으로 이루어진 이 큰 나무가 서 있는 것을 보아라. 보이지 않는 것이지만 그것이 있음을 믿어라. 그 아주 미세한 존재, 그것을 세상 모든 것들은 아트만으로 삼고 있다. 그 존재가 곧 진리이다. 그 존재가 곧 아트만이다. 그것은 바로 너이다.

우파니샤드 저자들은 유추적 논리를 통해 우파니샤드의 철학적 관점을 만들었고, 또한 그 철학적 관점 속에 객관적 사실로부터 논리적 이성과 논쟁에 대한 엄청난 시도를 함축하였다.

우파니샤드 철학은 근대 유럽 사상가들에게 관심을 불러일으키기도 했다. 현대성이 가져온 인간적 문제들을 해결할 수 없게 되자 서구 철학자들은 우파니샤드 철학에서 대안을 발견했던 것이다. 독일의 유명한 철학자 쇼펜하우어는 그의 철학 속에 베다와 우파니샤드의 자리를 마련하여 현세에서뿐 아니라 내세에 대해서도 위안을 받았다고 한다.

"우파니샤드는 이 세상의 모든 책 가운데 가장 값진 책이며, 가장 숭고한 책이다. 우파니샤드는 내 삶의 위안이며, 동시에 내 죽음의 위안이다."

48시간의 기차여행
낙원의 땅, 케랄라를 향해

48시간의 기차 여행. 델리에서 케랄라까지는 기차로 무려 이틀이나 걸린다. 인도는 정말 크다. 태어나서 처음으로 48시간의 기차여행을 하고 있다. 어느새 두꺼운 스웨터에 땀이 흥건히 괸다. 얼마만큼 남쪽으로 내려온 것일까. 인도의 기후는 대륙의 방대함만큼이나 다양하다고 말하는데, 그 변화를 직접 몸으로 느끼고 있다. 결국 두터운 스웨터를 벗어 던져버렸다. 48시간이 지나면서 겨울이 여름으로 바뀌고 있었다. 마치 마법의 기차를 타고 여행하는 느낌이다. 이제야 인도인이 서로를 대하는 태도를 이해할 듯하다. 항상 당신은 누구인가를 묻는 사람들. 우리가 보기에는 모두 똑같은 인도인일 뿐인데, 그들은 서로에게 이방인이 된다. 인도는 인도이면서 인도가 아니다. 그래서 인도 친구들은 말한다.

"아무도 믿지 마. 너 자신을 믿어라."

부처는 이렇게 말했던가.

"자기 자신을 등불로 삼고 자기 자신을 의지할 곳으로 삼아라. 다른 사람에게 의지해서는 안 된다."

이 말은 너무나 쉽게 변화는 인간의 감정으로 인해 상처 받는 것을 경계하고자 한 말일 것이다. 자신의 본질과 상관없이 존재하는 사람들의 감정에 휩쓸려 상처 받는다면 결국 자신은 사라지고 만다. 현상은 계속해서 변하는 것이 속성이다. 그러한 현상에 신경 쓰다 보면 소중한 시간만 낭비할 뿐 아니라 지혜로운 삶을 방해한다. 결국 이 말은 지혜로운 삶의 길이 어디에 있는지를 알려준다. 너무나 다양한 사람들 속에서 살아가는 인도인들의 지혜는 바로 여기에 있다. 타인의 다양성을 인정하고 자신도 다양한 사람 중의 한 사람임을 인정한다. 서로에 대한 인정을 통해 그들은 조화롭게 사는 방법을 깨달았다.

내가 머물던 기차 칸에는 두 자녀를 둔 인도인 부부와 한 이스라엘 청년이 있었다. 이 이스라엘 청년은 이제 막 군대를 제대한 청년이었는데, 6개월째 인도 여행을 하고 있다고 말해주었다. 그리고 이것저것 여행 정보를 전해주었다. 이 젊은이는 왜 여행을 떠났을까. 여행을 통해 무엇을 느끼고 있을까. 나의 궁금증은 여기에 머물고 있었다.

"인도 여행은 어떻습니까?"

"인도인들은 알고 나면 아주 순박해요. 비하르Bihar(인도에서 가장 가난한 주) 지역은 좀 어렵지만 다른 지역은 그런 대로 순조롭죠. 인도 여행은 내게 아주 특별한 시간을 줍니다. 난 6개월 전에 군대를 제대했습니다. 그리고 제대하자마자 6개월 동안 인도 여행을 하고 있습니다. 우리는 군대를 제대할 때 연금을 받습니다. 대부분 그 돈은 여행 경비로 지출됩니다. 이 여행이 끝나면 저는 미국으로 가서 일자리를 찾을 겁니다. 이것이 현재 우리 젊은이들의 꿈입니다."

의외의 대답이었다. 내가 알기로 이스라엘은 최고의 경제 성장률을 기록하며 풍요롭게 그들만의 터전을 이끌고 있는 나라가 아닌가. 그런데 그는 자기 나라에서 희망을 발견할 수 없다고 말하는 것 아닌가. 그는 계속해서 나에게 말해주었다.

"우리는 여성들도 똑같이 3년 동안 군대생활을 합니다. 그들도 똑같이 연금을 받자마자 여행을 떠납니다. 여성이 혼자 여행을 떠나는 것이 우리에겐 이상할 것이 없습니다. 젊은 여성들은 자신의 세계를 원합니다. 무엇보다 자기 자신을 개척하는 것이 중요합니다."

너무나 다른 문화적 차이가 느껴져 왔다. 우리의 군대제도가 남성들에게만 가해지는 의무제인 반면, 남녀 모두에게 똑같이 적용되는 이스라엘의 군대제도는 아주 독특한 제도였다. 그것은 이스라엘의 정치와 종교가 주는 특수한 상황 때문일 것이다. 이러한 사회적 환경 속에서 성장해온 이스라엘 여성들은 분명 우리의 여성관과는 또 다른 모습을 보여주고 있다. 무엇보다도 여행지 어디에서나 만날 수 있는 이스라엘 여성들은 상당히 강하게 보였다. 군대 생활로 단련된 강인한 체력 때문인지 몰라도 탱크우먼 같은 추진력과 함께 알 수 없는 힘이 느껴졌다. 결코 남성에게 의존해서 다니지 않았다. 그들은 철저히 독립되어 있었고, 혼자서 가고 있었다. 마치 무소의 뿔처럼. 나도 지금 무소의 뿔처럼 혼자 가고 있는가.

48시간의 기차 여행을 하면서 나는 나와 다른 문화를 어떻게 이해해야 하는지에 대한 생각에 몰두해 있었다. 인도 여행을 통해 내가 발견하고자 하는 것은 무엇인가. 인도인을 알아 나간다는 것이 도대체 나에게 무슨 의미가 있단 말인가. 어차피 나와 다른 문화적 차이만을 느끼게 될 것이 아닌가. 마음은 계속 불안하기만 하다. 사실 인도와 인도인에 대한 두려움은 항상 마음 밑바닥에서 꿈틀대고 있었다. 우리들 대부분은 다양성을 바라보는 시각에 익숙해 있지 않기 때문에 나와 다른 타인을 접하게 되면 불안과 두려움을 느낀다. 이러한 두려움을 떨쳐버리기 위해서는 무엇보다도 다양성을 바라보는 입체적 시각이 필요하다. 이것은 내 시야의 지평을 여는 일이기도 했다.

나의 첫 룸메이트였던 나이라는 아르메니아에서 왔다. 구소련이 붕괴되면서 아르메니아 또한 소련연방으로부터 분리되어 나온 작은 민족 국가이다. 민족 분쟁에 휘말리면서 지금은 아제르바이잔과 영토 문제로 전쟁 중에 있다. 한 번은 역사와 개인에 대해 그녀와 열띤 토론을 벌인 적이 있었다. 사회주의 체제 속에서 성장한 그녀의 생각이 나에겐 호기심 그 자체였다.

"너는 역사에 있어서 변화를 믿니?"

"무슨 변화?"

"예를 들면 정치적, 사회적, 경제적 변화들 말이야."

그녀는 잠시 생각하더니 단호하게 말했다.

"변화는 존재하지. 하지만 사람들은 쉽게 변하지 않아."

인간이란 변화 속에서 발전하는 존재라는 입장을 고수해온 나에게 그녀는 의외의 반응을 보여주었다.

"무슨 의미야?"

"사람들은 변하지 않아. 100년 전에 살았던 사람들과 지금 살고 있는 사람들은 모두 똑같아."

"그러면 너는 발전을 믿지 않는구나."

"무슨 발전?"

"예를 들면 인간의 의식의 발전이라든가……."

"물론 발전을 믿지. 하지만 그것은 사람들이 아니라 개인의 발전이야."

"개인?"

"그래. 사회주의의 가치는 인간의 평등이야. 하지만 모든 사람들이 똑같다고 생각하지 않아. 다른 것들이 있어. 이 차이를 인정하지 못했기 때문에 사회주의는 실패한 거야. 그래서 나는 개인에게 초점을 맞추지. 나는 개인주의자야. 나는 나다."

또 한 번은 인도 친구에게 무슨 논쟁 끝에 너는 인도인이 아니냐 하고 따져 물은 적이 있다. 그때 그 인도 친구는 자신을 인도인과 동일시하는 것을 강력하게 거부했다.

"나는 인도가 아니야. 나는 개인주의자야."

나에게 이 말은 아주 신선하게 다가왔다. 우리의 의식구조 속에서는 한국인이라든지, 무슨 기업의 누구라든지, 누구의 아내라든지 하는 일종의 배경을 우리 자신과 동일시하는 경향이 있다. 이러한 의식구조의 영향 속에서 나 역시도 인도는 무엇인가, 인도인은 누구인가 하고 커다란 배경만을 찾고 있었다. 그래서 그들의 하나하나 행동이라든지 몸짓들이 인도인은 이렇다 저렇다 하는 고정관념을 쌓고 있었던 것이다. 내가 전체 속의 개인을 파악하려고 하고 있는 동안 내가 만난 사람들은 개인의 입장에서 상대방을 이해하고 있었다.

보편성의 관점으로 다른 문화를 파악하려는 나의 첫 시도는 이렇게 실패하고 있었다. 일반화할 수 없는 인간 개개인들의 차이. 그러한 개인성에 대한 이해가 없다면 우리는 계속해서 개개인들의 독특함을 놓칠 것이다. 이것은 나와 다른 문화를 이해할 수 없게 만든다. 결국 개인성을 이해한다는 것은 나와 타인을 동시에 이해한다는 것을 의미한다. 하지만 모든 편견을 넘어 사람들 속에 숨어 있는 드러나지 않은 개인성을 상상한다는 것은 얼마나 어려운 일인가. 단지 우리는 겉으로 드러나는 모습을 보면서 인도인은 이렇다 저렇다 하고 일반적인 이야기밖에 말할 수 없는 것이다. 무수한 인도이야기는 이렇게 존재하는 것이다.

한편, 개인성의 독특함 속에 그들만의 정서가 존재하는 것만은 틀림없다. 누구에게나 자기만의 정서가 있듯이, 인도적 환경이 만든 정서라고 하는 부분이 있다. 이러한 정서는 물질적 환경의 차이에서 만들어지는 것 같다. 결국 가난한 자와 부자의 관계 속에서 만들어지는 정서적 차이라고나 할까. 과거 우리 사회의 정서는 맹자孟子의 '측은지심惻隱之心'에서 찾아볼 수 있었다. 맹자는 '측은惻隱의 마음이 인仁의 시작이다'라고 하여 남을 사랑하고 불쌍히 여기는 동정심으로부터 사랑이 전개된다고 주장했다. 가난한 인도 거지들을 보며 우리는 연민을 가지고 가슴 아파한다. 하지만 그들은 우리의 생각을 철저히 비웃는다. 단지 인과응보의 논리로 받아들일 뿐이다. 오늘 당신이 행한 좋은 일은 당신 자신을 위한 일일 뿐이라는 논리다. 이러한 거부는 인정을 베푸는 사람의 입장에서는 감정이 상할 수 있는 부분이다. 흔한 말로 '쥐뿔도 없는 것들이 자존심만 있어서……'라는 말로 우리는 그들을 폄하한다. 하지만 바로 쥐뿔도 없기 때문에 자존심이라도 지키고 싶을 것이다. 자존심을 지키기 위해 철저히 무소의 뿔처럼 가고 있는 것이리라.

가난하지만 당당한 그들의 '홀로' 정신. 오늘날 연민은 과연 우리를 도울 수 있을까. 인도인들은 이미 연민에 대한 결론을 내렸다. 연민을 거부하는 인도인들의 태도는 강한 자존심이 아니고는 불가능하다. 자신의 정신까지 내어주면서까지 비굴하게 살지 않겠다는 의지는 가난한 자의 철학을 대표한다. 나 역시 이 정서에 익숙해져야 할 것 같았다. 소리의 바람에 놀라지 않고 그물의 바람에 걸리지 않는 무소의 뿔처럼 혼자서 간다는 것의 의미를……. 가난한 자의 철학, 약한 자의 철학을 통해 가장 낮은 곳에서 억눌려 있는 사람들에게 주는 희망의 메시지.

"무소의 뿔처럼 혼자서 가라. 당당하게."

카오스 너머의 아름다운 대지
유럽 기독교 세력과의 첫 충돌

20세기 초에 폴 고갱은 원시적 자연과 원초적 사랑을 찾아 남태평양의 타이티라는 섬으로 여행을 떠났다. 20세기에 태동하기 시작한 금속성의 근대 문명에 대한 지독한 염증과 회의는 그를 낯선 풍경 속으로 이끌었다. 그는 이 섬에서 넘치는 에너지와 새로운 삶의 열정으로 너무나 아름다운 그림들을 그렸다. 섬에서 느낀 감정들은 강렬한 색채가 되어 당시 새로운 그림 운동을 주도하며 많은 화가들에게 영감을 전해주기도 했다. 타이티 여인들의 지칠 줄 모르는 사랑을 받으며 화가로서의 꿈을 이룬 이 사나이는 문명과 동떨어

진 원시적 풍경 속에서 행복한 일생을 마쳤다.

　남인도의 케랄라는 남태평양의 이국적 풍경을 연상시키는 인도 최고의 아름다운 열대림을 자랑하고 있다. 문명보다 자연을 사랑한 화가처럼 이곳에 머문다면 나도 나만의 꿈을 이룰 것 같은 열망을 갖게 하는 곳이다. 그림을 그리고, 사진을 찍고, 글을 쓰면서 이 아름다운 자연 속에서 생을 마감한다면 이보다 더 행복한 삶은 없을 것만 같다. 전해 내려오는 이야기에 의하면, 옛날 아담과 이브가 살았던 낙원이 인도에 있었다는 이야기를 들은 적이 있는데, 아마도 여기가 바로 그곳이 아니었을까 싶다. 야자수 군락 속에서 자연과 함께 평화롭게 사는 사람들을 보고 있으면 지상의 낙원이란 이런 모습이지 않을까 하는 상상을 하게 된다.

　그러나 이 지상의 낙원도 한때 카오스의 소용돌이를 겪었다. 아라비아 해와 인도양에 접해 있는 이 지역은 1498년 포르투갈의 장군 바스코 다 가마 Vasco da Gama의 공격으로 일순간 혼란에 빠지는 역사적 사건을 겪었다. 몇천 년 동안 평화의 바다였던 이곳을 유럽 기독교 세력이 처음으로 침입함으로써 이곳은 일순간 혼란에 휩싸였고, 이 사건을 통해 인도인들은 처음으로 유럽 기독교인들과 조우하게 되었다. 이후 1516년 포르투갈은 이 지역의 무

역권을 획득했고, 1602년에는 네덜란드 상인들이 무역 거점을 획득했다. 그리고 1663년쯤 네덜란드는 포르투갈의 무역 거점이었던 코친을 빼앗아 이지역에서의 포르투갈 통치를 종식시켰다. 하지만 1795년 영국의 힘이 강력해지자 네덜란드도 이 지역에서 물러나게 된다.

16세기부터 시작된 오랜 서양 세력과의 접촉은 케랄라 사람들의 사고방식과 행동방식에 많은 영향을 미쳤다. 서구적 가치관인 기독교 사상이 뿌리 내리게 되면서 새로운 환경이 창조되었다. 이곳을 여행하다가 보면 북인도나 중앙인도 지역과는 상당히 다른 느낌을 전해 받는다. 외부 환경뿐 아니라 사람들의 태도 또한 다르다. 예를 들면 인도 어느 지역에서나 접하게 되는 지저분하고 시끄러운 북새통의 모습이라든지, 이방인에게 달려들어 구걸하는

성 프란시스 교회 (코친, 16세기).
인도에서 가장 오래된 교회로 1503년 포르투갈에 의해 세워졌다가 16세기 중반 다시 건축되었다. 바스코 다 가마의 무덤이 교회 내부에 안장되어 있다.

산타 크루즈 바실리카 (코친, 18세기).
성 프란시스 교회 옆에 위치해 있다. 포르투갈이 세운 성당으로 1795년 영국인에 의해 파괴되었다가 복원되었다.

코친의 '차이니즈 그물망.' 중국 쿠빌라이 칸 왕궁으로부터 무역 상인들에 의해 소개되었다.

행위 등은 거의 눈에 띄지 않는다. 물론 케랄라 주가 이루어낸 괄목할 만한 경제 성장에 그 근본적 원인이 있겠지만, 무엇보다도 그들의 세련된 태도는 분명 서구 문화의 영향 속에서 그 원인을 찾을 수 있을 것이다. 왜냐하면 의식의 차이는 분명 태도의 차이를 보여주기 때문이다. 서구 문화에 의해 이식된 환경을 혹자는 식민주의라는 이름으로 간단히 깎아내리기도 하는데, 이는 다만 평면적인 평가일 뿐이다. 오히려 내가 보기에 이러한 삶의 변화는 서구 정신의 승리로 보였다.

인도 여행은 정말 만만치 않다. 다양한 인종, 언어, 종교, 민족 그리고 정치 체제 등 '인도는 이것이다'라고 하나로 규정할 수 없다. 인도인 또한 하나로 설명할 수 없다. 하지만 모든 것이 가능하다. 이것이 바로 카오스다. 카오스의 신비를 아는가. 정리되지 않은 방을 상상해보라. 가끔은 모든 물건들이 널브러져 있다. 분류되지 않고 우선순위나 질서도 없이 마구잡이로 흩어져 있는 방을 상상해보면 이해하기 쉬울까.
거기에다가 시간이라는 것을 불어넣어보
자. 그러한 무질서가 몇 천 년 동안 지속되
었다고 상상해보는 것이다.

코친의 전통 상점

　인도 어느 지역에서나 접하게 되는 북새
통. 이러한 상황 속에서는 생존이 가장 중
요하다. 바로 인도 여행이란 생존 에너지의
급상승을 의미한다. 그 에너지를 통해 긴장
과 함께 산다는 것이 무엇인지를 깨닫게 되
는 것이다. 내가 원하는 생존 수단을 얻기
위해 어떻게 해야 할 것인가. 오랜 시간의
역사 속에서 인도인들은 바로 이것을 터득
한 것 같다.

코친의 평화로운 거리 풍경

　카오스의 상황 속에서 평생을 살아가는
사람들. 카오스의 상처에 온몸을 맡기고
사는 사람들. 태어나서 처음으로 혼돈을
본 사람들. 아무런 생의 목적도 이루지 못한 채 사람들이 쳐놓은 그물망 속
에서 허무히 쓰러져버리는 이방인의 존재처럼 그들은 서로가 서로에게 이방
인이 되어 존재하고 있다.

　48시간의 기차 여행을 통해 도착한 지상의 낙원. 카오스의 세계를 뚫고 도
착한 이 아름다운 대지. 이 새로운 세계를 보기 위해 단숨에 48시간이나 달려
왔구나. 카오스 너머에 존재하는 아름다움의 세계. 새로운 세계를 보기 위해
우리는 카오스의 바다를 건너는 용기가 필요하다. 삶이란 카오스의 바다에 떠
있는 작은 섬과 같이 존재하기 때문이다.

남인도 케랄라 주의 전통 드라마 '카
타칼리(Kathakali).' 인도의 고전 《라마
야나》와 《마하바라타》의 이야기를 드
라마로 만든 전통극으로 남성과 소년
들로만 구성된다.

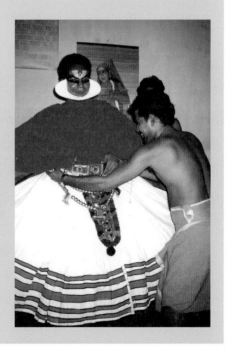

칸야쿠마리의 전설을 찾아서
여신 데비 칸야와 저물면서 빛나는 바다

반도 인도의 '땅끝 마을'이라고 불리는 최남단에 위치한 칸야쿠마리 Kanyakumari로 발걸음을 옮겼다. 이곳은 아라비아 해와 인도양과 벵골 만이 하나로 만나는 전설의 바다다. 바닷가 한쪽에는 간디기념관이 아라비아 해와 인도양과 벵골 만을 바라보며 서 있다. 인도 민족의 하나됨을 소원한 간디의 희망을 전설처럼 끌어안고 있다.

칸야쿠마리의 전설을 찾아 아직도 인도인들의 발길이 끊이지 않고 계속되고 있다. 무엇보다도 이곳은 여신 데비 칸야 Devi Kanya를 위한 곳이다. 데비 칸야는 결혼 전의 '순결한 처녀' 여신을 의미한다. 전설에 따르면, 데비는 시바 신과의 결혼을 소망하며 이곳에서 참회하고 있었다고 한다. 만약 그녀가 시바의 사랑을 얻지 못한다면, 그녀는 결혼하지 않고 평생 처녀Kanya로 남을 것임을 맹세했다.

인도에서 순결한 처녀의 영원한 사랑을 얻는다는 것은 영광의 상징이다. 이런 의미에서 순결한 여성은 숭배의 대상이 되고, 대부분의 여신들은 이러한 사랑을 위해 존재한다. 그러므로 인도 신화에서는 그리스로마신화에서 보이는 자유분방한 여신의 모습은 존재하지 않는다. 인도 여성들에게 사랑이란

인도의 땅끝 마을 '칸야쿠마리'는 아라비아 해와 인도양과 벵골 만이 하나로 만나는 전설의 바다다.

한 남자에 대한 전 생애의 헌신인 오직 하나의 영원한 사랑만이 존재할 뿐이다. 그래서 그들에게 사랑의 감정은 아주 강렬하게 다가오고, 때때로 이러한 감정은 죽음으로까지 연결된다.

　종교는 분명 문화다. 그러므로 인간이 종교를 만들었다고 한다면, 그것은 남성들이 만든 것이다. 그러므로 모든 문화는 잠재적으로라도 남성성의 이데올로기를 숨기고 있다. 그러므로 특별히 여성과 관련된 부분에서는 남성들의 속내를 노골적으로 드러내기도 한다. 인도의 신화 속에 나타나는 모든 여신과 그 여신들에게 씌워진 굴레인 영원한 사랑이야기 또한 인도 남성들의 간절한 바람을 담아놓았다고 볼 수 있는 것이다. 이것을 역으로 생각해보는 것도 참 재미있을 것 같다. 한 마디로 여성의 순결성을 그토록 간절히 원했다는 것은 그만큼 여성들을 믿지 못했다거나, 아니면 너무나 여성들을 두려워한 나머지 여성들의 기를 꺾어놓기 위해 만들어진 이야기일 것이다. 그래서 모든 여신에게 순결성을 부여

하고 찬미하도록 만든 것이 아닐까. 길고 짧음의 정도 차이는 있을지라도 서양이나 동양이나 남성과 여성이 만들어내는 이야기에는 항상 이러한 불평등의 신화가 존재하고 있다.

인도 언론에 발표되었던 비극적 사건 기사가 떠오른다. 한 신부가 결혼한 지 얼마 지나지 않아서 친정집에 머물게 되었다. 그 후 곧 시댁으로 돌아온 그녀는 임신 사실을 알게 된다. 너무나 기뻐하며 그녀는 시어머니와 남편에게 이 사실을 알리지만, 시어머니와 남편의 태도는 냉담하기만 하다. 그녀를 믿을 수 없다는 것이었다. 친정에 있는 동안 누군가와 정을 통했을지 모른다는 억지 논리였다. 결국 그녀는 자신의 순결성이 의심받자 시어머니를 살해해버린다. 가부장적 사회구조의 순결 이데올로기가 두 여인을 비극으로 몰아갔다.

　인도에서 가장 아름다운 일몰을 볼 수 있다는 칸야쿠마리의 끝자락에 섰다. 한 아버지가 두 딸과 함께 수평선 너머로 시시각각 지는 변화무쌍한 일몰을 바라보고 있다. 붉게 일렁이는 일몰을 바라보며 딸들의 미래를 걱정하는 아버지. 누가 여성을 지켜줄 수 있을까. 편견의 벽은 높기만 하고, 여성의 지위는 아직도 너무 낮기만 하다. 여성의 사회적 지위에 아랑곳없이 계속해서 인도인들은 여성의 순결을 숭배하기 위해 이 바다를 찾을 것이다. 저물면서 빛나는 바다를. 그 바다를 바라보며 나는 조용히 나 자신에게 묻는다.

　"나는 누구인가?"

　첫 번째 인도 여행에서 나는 나 자신에게 이렇게 묻고 있었다. 내 안의 작은 소리에 응답해왔다.

당신은 당신 자신에게
'나는 누구인가' 하고
물어야 합니다.
정신은 자아 심문에 의해
'나는 누구인가'에
몰입할 것입니다.
'나는 누구인가'라는 생각은
다른 모든 생각을 파괴할 것이며,
마침내 그 자체 또한 죽일 것입니다.

저 사라지는 일몰은 마지막 힘을 다해 이렇게 말하고 있었다.

자기 자신을 등불 삼고 자기 자신을 의지할 곳으로 삼아라.
다른 사람에게 의지해서는 안 된다.
다른 것에 의지해서는 안 된다.

저물면서 빛나는 바다에 서서 나는 조용히 이 말만을 주문처럼 되풀이하고 있었다. 나를 찾아 떠난 여행에서 오히려 나는 저물면서 빛나는 바다를, 일몰을 바라보는 아버지와 딸들을, 그리고 저 스스로 빛나고 있는 수만 명의 인도인들을 보았을 뿐이다. 그 모든 풍경이 내 안으로 들어왔을 때 태양은 이미 지고 수평선 너머로 어둠이 깔렸다.

앙리마혜로탱, 《옛날 이야기꾼Ancient Story Teller》, 72.85×89.2cm, 1940년

3

첫 번째 인도여행

··· 역사와 문화 속으로 ···

슬픈 델리
600년 무굴제국의 영광과 상처

델리는 사실 황량하다. 델리의 역사 또한 황량하다. 끊임없는 이민족의 침입으로 역사적 상처를 간직한 곳이 바로 델리다. 델리가 인도의 수도가 된 것은 영국 식민지 때의 일이다. 당시 인도의 수도는 콜카타Calcutta(2001년 캘커타에서 콜카타로 개명)였다. 그런데 이곳에서 인도 민족운동의 거대한 물결을 지켜본 영국은 콜카타를 너무나 키웠다는 생각에 1915년 수도를 델리로 옮겼다. 그 후 델리는 네루의 통치 시절 뉴델리New Delhi로 그 중심지를 옮겨 국제도시이자 정치 중심지가 되었다.

인도 친구들은 델리를 표현할 때 항상 끔찍한 곳이라고 한다. 여름에는 기온이 45도까지 올라가고, 겨울 또한 그 추위가 끔찍하다는 것이다. 이러한 환경적 요인과 더불어 델리는 비극의 역사를 간직하고 있는 곳이다.

오랜 역사적 상처를 안고 있는 델리에서 무엇보다도 가장 큰 볼거리는 쿠트브 미나르Qutb Minar 탑일 것이다. 독특한 건축 양식을 보여주는 이 탑은 사실 단순한 건축물이라기보다는 하나의 상징을 보여주는 의미 있는 역사 유적물이다. 이것은 인도에서 무슬림 통치의 시작을 알리는 중요한 상징물이다.

쿠트브 미나르 탑.
1193년 델리에서 마지막 힌두 왕조를 패배시킨 무슬림 세력이 승리를 기념하기 위해 세운 탑이다. 이후
무슬림은 600년간 인도를 통치하게 된다.

쿠트브 미나르 탑의 벽면에는 코란의 경구가 장식처럼 새겨져 있는데, 이는 승리를 기념하기 위한 것이다.

　1193년 무슬림 세력은 델리에서의 마지막 힌두 왕조를 패배시킨 후 하늘을 찌를 듯한 승리의 탑을 세웠다. 이것은 거의 73미터 높이를 자랑한다. 승리를 기념하기 위해 이 탑 벽면에는 이슬람 경전인 코란의 경구가 장식되어 있다. 이방인인 내 눈에는 그 글자의 조형성이 뛰어난 예술성을 획득한 것처럼 아주 아름답게 느껴지지만, 힌두에게는 치욕의 역사를 상징할 뿐이다. 이 전쟁의 패배 후 힌두의 나라였던 인도는 13세기에서 16세기까지는 델리 술탄 왕조에 의해, 16세기에서 19세기 중엽까지는 무굴Mughal 제국(1526~1857)에 의해 600여 년간 이슬람의 통치를 받게 된다.

　델리를 본거지로 한 델리 술탄 왕조로는 다섯 왕조가 있었다. 제1대 '노예 왕조(1206~1290)', 제2대 칼지Khalji 왕조(1290~1320), 제3대 투글루크Tughlug 왕조(1320~1413), 제4대 '사이이드Sayyid 왕조(1414~1451) 왕조, 그리고 제5대 로디Lodi 왕조(1451~1526)다. 대개는 터키계였는데, 로디 왕조만이 아프간 계통이었다.

로디 왕조의 제3대 이브라힘 왕은 아프가니스탄 귀족의 세력을 억제하려다가 오히려 분열을 초래하면서 세력 다툼에 휘말렸고, 이때 침입한 무굴제국의 창 건자 바부르Babur(재위 1526~1530, 칭기스칸과 티무르의 후예)에게 파니파트Panipat(델리 북 쪽 야무나 강 근처에 위치) 전투에서 패하여 멸망했다.

가장 뚜렷한 이슬람 건축 양식은 무굴 왕조의 출현과 함께 시작한다. 초기 무슬림 지배는 인도 역사에 침체기를 면치 못했지만, 16세기 바브르 가 세운 무굴제국 건설과 함께 인도는 새로운 역사를 꽃 피우게 된다. 바브르에 이어 후마윤 Humayun(1508~1556), 아크바르 Akbar(1542~1605), 자항기르 Jahangir(1569~1627), 샤 자한 Shah Jahan(1592~1666), 아우랑제브 Aurangzeb(1618~1707) 등으로 이어지는 무 굴의 영광은 인도 역사에 훌륭한 문화적 유산을 남긴다. 특히 건축 문화에서 이들 터키 침입자들은 아랍과 페르시아 건축의 전통을 가져왔다. 성, 궁전,

로디 가든 내 바다 굼바드(Bada Gumbad) 모스크. 로디 가든에는 델리 술탄 왕조인 사이이드 왕조와 로디 왕조의 무덤 건축물이 모여 있다. 현재는 시민들의 휴식 공간인 공원으로 이용되고 있다.

로디 가든에 위치한 로디 왕조 제2대 시칸다르(Sikandar) 왕의 무덤

무덤, 사원을 세울 때마다 새겨놓은 꽃과 기하학 양식과 코란의 장식은 아주 독특한 것이었다. 이러한 이슬람 건축 양식은 풍부하고 화려한 신화를 재현한 힌두 건축 양식과는 반대였다. 이슬람교의 원칙에 따라 이슬람 건축에는 살아 있는 것들의 어떤 이미지도 표현하지 못했다.

독특한 이슬람 양식은 무굴 왕조의 두 번째 계승자인 후마윤 무덤 Humayun's Tomb에 잘 나타나 있다. 이곳은 깨끗하게 정리되어 있어 잠깐 동안 쉬어 가기에 적당한 공원의 느낌을 전해준다. 이 건축물은 16세기 아크바르 시대에 세워진 대표적 무굴 건축물이다. 그 디자인적 요소는 몇 해 뒤 위대한 타지마할 Taj Mahal의 건설과 연관되어 많은 흥미로움을 전해주는 곳이다.

또 하나의 뛰어난 이슬람 유적지는 무굴제국의 영광과 성공을 보여주는 샤 자한 통치 때 만들어진다. 그가 세운 가장 위대한 걸작은 사랑하는 아내 뭄타즈 마할 Mumtaz Mahal(1594~1630)의 무덤을 위해 세워진 타지마할이지만, 델

로디 가든에 위치한 사이이드 왕조의 모함마드 샤(Muhammad Shah, 재위 1414~1451)의 무덤과 후마윤 묘(16세기 중반). 모함마드 샤의 무덤(왼쪽)은 후마윤 묘(오른쪽)에 많은 영향을 미쳤다.

리에서 볼 수 있는 그의 건축물은 붉은 벽돌로 둘러싸인 레드포트Red Fort 궁궐터이다. 여기에서는 현란한 대중회합장과 아치 모양의 장식을 자랑하는 스타일을 볼 수 있으며, 또한 인도에서 가장 크고 훌륭한 모스크인 자마 마지드Jama Majid도 볼 수 있는 곳이다. 이 레드포트에서 샤 자한의 아들 아우랑제브는 처음이자 마지막으로 위대한 무굴제국을 통치했다. 아우랑제브는 아버지 샤 자한을 아그라 성에 유폐시키고 권력을 찬탈한 인물이었지만, 인도 역사 속에서 그는 위대한 통치자였다. 아우랑제브의 죽음 이후 인도는 강력한 통치의 중심을 잃고 오랜 어둠 속을 헤매게 되었고, 결국 무굴의 영광은 아우랑제브의 죽음과 함께 사라진다. 또 하나의 통치 세력으로 영국이 떠오르게 될 때까지 인도는 오랜 혼란 속에 머물게 되었다.

　이슬람 세력의 성장은 세계 역사에서 놀라운 사건이었다. 동양과 서양의 대격돌은 바로 이들 세력과 관련되기 때문이다. 인도는 11세기에 이슬람 세력을 만났으며, 16세기에는 서양 기독교 세력을 만나게 되었다. 이로써 600

레드포트는 샤 자한이 델리에 세운 건축물이지만, 그의 아들 아우랑제브가 마지막으로 이곳에서 무굴제국을 통치한 곳으로 유명하다.

년간 이슬람 세력의 통치와 200년간 영국 통치를 겪은 후 인도는 힌두와 무슬림의 갈등에 빠졌고, 이는 1947년 인도와 파키스탄의 분리라는 역사의 비극으로 이어졌다. 한 마디로 인도 역시 우리처럼 분단을 경험한 역사를 가지게 된 것이다.

여기에 인도의 상징적 장소인 델리의 비극성이 존재한다. 델리는 이민족의 침략으로 항상 피비린내 나는 전투 속에서 많은 희생자들이 죽어간 슬픈 역사를 간직하고 있는 곳이다. 델리 북쪽 야무나 강이 흐르는 곳에 위치한 '푸라나 킬라Purana Quil(오래된 성)'를 둘러보고 나면, 이 도시가 얼마나 오래된 곳인지 역사의 잔해들이 말없이 속삭여주고 있다. 《마하바라타》에 나오는 판다바 5형제가 건설한 도시로 알려진 '푸라나 킬라'는 델리에서 가장 오래된 성이다.

'푸라나 킬라'의 성곽과 서문인 바다 드루와자(Bada Darwaza).

푸라나 킬라의 성곽과 북문 타라키 다르와자(Talaaqi Darwaza)의 차트리(chhatri)가 보인다. 차트리는 힌두 양식인데, 무굴 건축에는 힌두와 이슬람의 양식이 혼합되어 있다.

1541년 수르(Sur) 왕조의 셰르 샤에 의해 건설된 킬라이 쿠나 모스크(Qila-i-Kuhna Mosque) 뒷면. 무굴제국 이전의 건축 양식을 보여주는 훌륭한 곳이다.

킬라이 쿠나 모스크 전면. 예배당으로 쓰인 곳으로 건물 앞으로 우물이 있다.

후마윤의 숙적 셰르 샤(Sher Shah)에 의해 세워진 팔각형의 셰르 만달(Sher Mandal).
후마윤이 푸라나 킬라 성을 세웠지만, 말년에 아프카니스탄의 왕 셰르 샤에게 빼앗겼다가 15년
후 1555년 숙적 셰르 샤와 혈전을 벌여 이곳을 다시 탈환했다. 후마윤은 이곳을 탈환한 후 도서관
으로 사용했는데, 1556년 이 건물 계단에서 실족하여 생을 마치고 말았다.

차트리(chhatri): 덮개 혹은 우산이라는 뜻으로
높게 솟은 돔 모양의 부속 구조물

자로카(Jarokha): 건물 벽면에 돌출된 폐쇄형
발코니. 힌두 건축의 영향을 받은 것이다.

타지마할은 하얀 대리석에 사랑과 영혼의 꿈을 묘사함으로써 무굴 인도의 가장 위대한 건축물이 되었다.

사랑과 영혼의 타지마할
이보다 아름다울 수 없는 사랑

"타지마할을 방문하는 꿈 없이는 어느 누구도 델리에 살 수 없다."

인도 작가 니할 싱의 《인도의 낮과 밤》이라는 소설의 첫 문장이다. 아마도 인도를 방문하는 누구나 타지마할을 보기 위한 설렘을 가질 것이다. 무엇보다도 타지마할은 위대한 사랑의 대명사로 유명하기 때문이다.

너무나 사랑했던 아내 뭄타즈 마할Mumtaz Mahal(1593~1631)의 죽음을 슬퍼한 샤 자한Shah Jahan(1592~1666)은 그녀를 위해 아름다운 묘지를 22년에 걸쳐 만든다. 18년간의 결혼생활을 통해 14번째 아이를 낳다가 죽은 아내를 향한 사랑이 만들어낸 위대한 무덤. 떠도는 꿈과 사랑과 영혼이 살아 숨 쉬는 곳. 이 위대한 타지마할의 위엄에 눌려 한 여행자는 이렇게 말했다고 한다.

"이제부터 세계의 시민들은 두 개의 계급으로 나누어질 것이다. 타지마할을 본 사람과 그것을 보지 못한 사람으로."

타지마할을 본 첫 느낌은 '이보다 아름다울 수는 없다'는 것이다. 어두운 마음을 밝게 비춰주듯 하얀 대리석이 반짝이고 있었다. 한 남자의 완벽한 사랑을 받은 그녀는 누구였을까. 그리고 한 여자를 그토록 사랑한 샤 자한은 어떤 남성이었을까.

타지마할은 하얀 대리석에 사랑과 영혼의 꿈을 묘사함으로써 무굴 인도의 가장 위대한 건축물이 되었다

샤 자한은 무굴제국의 위대한 영광의 한 상징이다. 그는 세련된 예술적 센스를 가진 위대한 군인 정치가이자 행정가였다. 비록 무자비한 정치가였을지라도 샤 자한은 사랑과 애정에 있어 위대한 능력을 소유한 남성이었다. 그의 가장 위대한 업적인 타지마할은 왕비 뭄타즈 마할을 위한 불멸의 사랑에 대한 헌신으로 지금도 세계적 기념물로 남아 있다.

샤 자한의 절대적 사랑을 받은 뭄타즈 마할은 매혹적인 아름다움과 위대한 지성을 소유한 여성으로 전해진다. 그녀는 샤 자한의 부왕인 자항기르 Jahangir의 스무 번째 아내이자 여성정치가로서 리더십을 발휘했던 누르 자한 Nur Jahan의 조카로 15세에 시장에서 처음으로 샤 자한을 만나 서로 사랑에 빠졌다. 그들의 사랑은 첫사랑이자 마지막 사랑으로 영원히 남게 된다. 그리고 19세의 나이가 되어 샤 자한과 결혼한 그녀는 일생을 남편을 위해 헌신하면서 그에게 엄청난 영향을 끼쳤다. 샤 자한은 그녀와 함께 모든 국가 문제를 의논했으며, 심지어 전쟁터에까지 왕비를 데리고 갈 정도였다. 한창 전쟁

중이던 전쟁터의 막사에서도 출산을 감행했다고 하니, 이는 그들의 지독한 사랑을 이해할 수 없는 부분이기도 하다. 샤 자한이 데칸 고원에 원정 중이었을 때, 뭄타즈 마할은 브르한 프르촌에 가서 14번째의 왕자를 출산하던 중 38세의 젊은 나이로 죽었다. 1630년 그녀의 죽음으로 샤 자한의 삶은 깊은 공백으로 가득 차게 된다.

"제국의 활기는 사라지고, 삶은 이제 나에게 아무런 의미도 주지 않는구나."

그는 슬픔에 잠겼고, 거의 2년 동안 완전한 슬픔의 상태에서 살았던 것으로 전해진다. 1632년 그는 슬픔의 구제적 보습으로 아그라에 사랑하는 사람을 위한 묘지를 건설하기 시작한다. 그 작업은 거의 22년이나 걸려 1653년에야 완공되었다. 2만 명의 노동자와 장인들의 노동력이 투여되어 완성된 타지마할은 하얀 대리석에 사랑과 영혼의 꿈을 묘사함으로써 무굴 인도의 가장 위대한 건축물이 되었다.

각 벌집 문양으로 장식된 타지마할 내부

타지마할 뒤편으로 흐르는 야무나 Yamuna 강을 사이에 두고 북쪽으로 2.5킬로미터 떨어진 곳에는 아그라 성 Agra Fort이 있다. 이곳은 샤 자한이 그의 아들 아우랑제브에 의해 유폐된 곳으로, 샤 자한은 이곳에서 그의 남은 생을 보낸 곳이다.

연이어 계속된 공사로 재정이 궁핍해지자 그의 아들들은 왕위 계승 다툼을 벌이게 되었고, 아우랑제브는 부왕의 명령에 불복종하여 부왕을 아그라 성에 유폐시켰다. 샤 자한은 사망할 때까지 8년 동안을 이곳에서 살았다. 그는 매일 야무나 강 건너 사랑하는 아내의 묘지

인 타지마할을 바라보며 하염없이 사랑하는 사람을 그리워하며 슬픔에 젖어 있었다고 한다. 그의 슬픈 영혼이 야무나 강 위로 끊임없이 흘러가는 듯하다.

아그라 성 한쪽 탑 귀퉁이에 기대어 하얗게 빛나는 타지마할을 바라다 보았다. 강 건너 하얗게 빛나는 타지마할을 바라보며 사랑하는 여인과의 추억에 젖어 생을 마감했던 샤 자한을 상상하면서 사랑이 무엇인지를 다시 묻는다.

사랑은 왜 그토록 평생을 따라다니며 우리의 기억을 사로잡는가. 그 사랑의 깊이를 우리는 언제쯤 알게 될까. 사랑할 때 우리는 사랑을 모른다. 사랑이 끝났을 때, 그리고 생이 끝나는 지점에서 비로소 우리는 사랑이 끝났음을 알고 슬퍼한다. 생이 끝나고 있음을 알고 고통을 느끼게 된다. 고통이 비로소 시작되는 것이다. 사랑의 황홀과 고통. 그것은 하나의 이름인 것이다. 서로가 열렬히 사랑했다고 할지라도 언젠가 우리는 헤어져야만 하는 존재인 것이다. 남겨진 사람의 슬픔을 통해 비로소 그 사랑의 깊이를 헤아려본다.

아그라 성에서 바라본 타지마할과 야무나 강. 샤 자한은 그의 아들 아우랑제브에 의해 아그라 성에 유폐된 후 이곳에서 사랑하는 아내 뭄타즈 마할과의 추억으로 생을 마감했다.

파테푸르 시크리와 아크바르 대제

종교는 현실인가, 이상인가

파테푸르 시크리Fatehpur Sikri는 16세기 무굴제국의 아크바르 대제가 보여준 건축의 열정을 볼 수 있는 곳이다. 아크바르의 천재성이 보이는 이 귀족적 도시는 아그라의 서쪽에서 약 40킬로미터 떨어진 외딴 사막 마을에 위치해 있다. 1571년에서 1586년 사이에 세워진 이곳은 당시 완전히 새로운 도시로서 기능했다. 이 궁전의 대리석과 사암으로 만들어진 우람한 정문은 인도에서 가장 완벽한 건축물 중 하나로 평가 받고 있다. 하지만 이곳은 단지 15년 동안 무굴 제국의 수도로 존재했을 뿐이다.

후마윤에 이어 아크바르는 무굴제국의 세 번째 황제였다. 그는 문맹자였음에도 학문과 종교에 많은 관심을 기울인 인물이다. 주요 관심은 종교에 있었다. 파테푸르 시크리에 머무는 동안 아크바르는 이슬람보다는 다른 종교를 연구하는 데 많은 시간을 보냈다. 힌두교, 자이나교, 조로아스터교, 그리고 15세기 이후 인도와 접촉해온 포르투갈 기독교인들과 많은 대화를 하면서 그는 새로운 종교를 발전시키기도 했다. 딘-이-알라히(경신교)라는 새로운 종교를 통하여 힌두와 무슬림의 갈등을 넘어 인도의 민족 통합을 이룩하려고 노력했다. 인도의 민족문제가 바로 종교문제였음을 아크바르는 일찍 깨달았

사암으로 만들어진 파테푸르 시크리의 우람한 정문(16세기).

던 것으로 보인다. 누군가 나에게 이렇게 묻는다.

"인도에는 정말 신이 있습니까?"

무엇보다도 인도는 신화와 종교의 나라이다. 인도에서 종교문제를 알기 위해서는 힌두교에 대한 이해가 필요하다. 힌두 삶의 위대한 강은 이민족의 끊임없는 침입에도 불구하고 오늘날까지 흐르고 있기 때문이다.

인도의 초기 베다 시대에는 신의 절대성을 강조하는 다신교적 성격이 강했다. 하지만 후기 베다 시대에 오면 우주는 브라만이고 브라만은 곧 아트만 이라는 '범아일여'의 우파니샤드 철학이 등장하게 된다. 이 철학은 인간을 신과 대등한 존재로 보는 일신론적 이상주의의 움직임이었다. 곧이어 그리스인으로 알려진 알렉산드로스 대왕과의 첫 대면은 서양인과의 접촉을 의미했고, 이 사건은 간다라 지방에 헬레니즘 문화를 형성하게 되면서 동서융합을 추구하게 된다.

하지만 역사상 가장 큰 변화는 1000년이라는 첫 밀레니엄으로부터 시작한 무슬림의 침입에서 비롯된다. 이슬람의 세력 확장은 힌두의 삶과 사상에 엄청난 영향을 끼친 반면, 힌두들은 철저히 비타협성을 견지하며 자신의 종교를 보호했다. 그러나 이슬람교로의 개종은 막을 수 없는 흐름으로 자리 잡았다. 이것은 이후 인도의 비극을 탄생시키는 결정적 계기가 되었다. 한편, 지리상의 발견과 함께 시작된 기독교와 가톨릭 세력의 유입은 인도 속에 또 다른 문화를 심어놓았으며, 인도는 또 한 번 새로운 세력의 소용돌이에 휩싸이게 된다.

헬레니즘, 무슬림, 그리고 유럽 세력의 공격에도 오늘날까지 힌두 문화는 깨지지 않는 자신의 전통을 유지하고 있다. 또한 힌두교 내부로부터 발생한 자이나교와 시크교, 그리고 힌두교의 와 철저히 대립했던 불교의 개혁운동조

아크바르 대제와 예수회 신부들. 아크바르 대제는 1570년 종교 대토론회를 열었다. 그의 아들 자항기르는 자서전에서 이렇게 묘사했다. "내 아버지 아크바르는 종교의 현자들과 늘 교류했다. 특히 인도 현자들과의 만남이 잦았다. 이러한 사람들과의 지속적인 친교를 통했기에 대화를 할 때에도 내 아버지가 글을 모르는 사람인지는 아무도 알지 못했다."
아크바르는 일자무식의 불편함 속에서도 누구보다도 지혜를 추구한 위대한 군주였다.

차도 힌두교의 종교성 자체를 파괴시
키지는 못했다. 그래서 우리에게 힌
두교는 무제한 재생의 힘을 소유한
것처럼 보인다.

　힌두교의 이 독특한 문화를 이해한
다는 것은 나에게 세계의 모든 것을
이해하는 것처럼 느껴졌다. 하지만
성서와 코란처럼 종교적 텍스트도 없
이 어떻게 그들 종교의 본질을 이해
한단 말인가. 힌두교는 사물의 핵이
있어 그것에 의해 움직이는 것이 아
니라 본질 없이 형태만 존재하는 것
처럼 보인다. 마치 아메바와 같다고
할까. 정체불명의 물체를 향해 지도
와 나침반도 없이 안개 속을 걷는 기
분이라고 할까.

파테푸르 시크리는 1986년 유네스코 세계문화유산으로 지정되었다.

　힌두에게 종교는 신념의 문제가 아니다. 그들에게 종교는 이상이 아니라
현실적 경험의 힘이다. 힌두들은 구원의 존재로서 신을 보지 않고 죄와 슬픔
의 현실을 극복하기 위한 방법으로서 종교를 바라보았다. 이러한 경험으로서
의 종교 인식이 인도의 가장 위대한 경전인 《베다 Veda》(산스크리트어로 '지식', '종
교적 지식'을 말한다. 인도에서 가장 오래된 제식문학으로 우주의 원리와 종교적 신앙을 설명하고 있다)
를 탄생시켰는데, 이것은 기독교와 이슬람교처럼 이데아를 만드는 창조의 문
제가 아니었다. 그것은 단지 인간에 의한 정신의 발견일 뿐이었다. 힌두들이

5층 건물인 판차 마할

믿는 지혜의 길은 지식적 활동을 통해서 오는 것이 아니다. 처음부터 그들은 제도의 정신성을 믿었고, 지식에 있어서는 초감각적 방법을 믿었다. 거기에서 발견된 발언들이 《베다》에 기록되었다. 반면, 과학적 지식은 사라지고, 직관적 이해는 영원한 가치로서 존속했다. 그러므로 무엇보다도 그들에게는 영감이라는 영역이 중요하게 다루어졌다. 이러한 그들만의 독특한 관점이 이상주의를 표방한 기독교와 이슬람교를 흡수하게 한 힘이 아니었을까. 힌두교의 흡수성과 수용력은 마치 모든 생명을 빨아들이는 늪과 같이 다가온다. 그래서 인도에서 생활해온 사람들은 말한다.

"인도는 마치 스폰지와 같다."

만약 당신이 인도인에게 이상에 대해 말한다면 그들은 당신에게 이렇게 말할 것이다.

"당신은 너무나 로맨틱합니다. 현실이 중요합니다."

이러한 강한 현실성은 힌두교의 방어로서 작용했고, 이상주의 외부 종교는 공격으로서 작용했다. 이것이 오늘날 거미줄처럼 복잡한 카오스의 인도 사회를 형성하고 있다.

무굴제국 시대에 세워진 모든 모스크의 원형이 된 자마 마지드

현실, 현실인식, 현실성. 파테푸르 시크리 궁궐을 거닐며 아크바르 대제는 현실과 이상을 고민하며 서성거렸을 것 같다. 다수의 힌두 백성을 다스리기 위해 그는 존재의 깊은 곳을 고민하지 않았을까. 그는 자신에게 물었을지 모른다.

"도대체 현실은 무엇인가, 이상은 무엇인가? 종교는 현실적인 것인가, 이상적인 것인가? 과연 신은 존재하는가?"

라자스탄 사막의 피리소리
바람의 궁전 하와마할과 암베르 성

'핑크시티'로 불리는 자이푸르는 라자스탄 주에 있다. 자이푸르는 델리와 아그라와 함께 트라이앵글을 이루는 인도 여행의 필수 코스이다. 이 지역은 자이푸르보다는 핑크시티로 더 잘 알려져 있다. 핑크시티는 온통 도시의 벽면을 장식하는 핑크빛 건축물 때문에 생겨난 별명이다.

이곳은 라자스탄만의 독특한 인도 문화를 한눈에 느낄 수 있는 색다른 분위기를 가지고 있다. 무엇보다도 사막 문화가 주는 강렬한 색채가 우리를 사로잡는다. 또한 사막의 쓸쓸한 소리를 들을 수 있는 곳이기도 하다. 모든 인도의 전통 음악 중에서 이곳의 음악은 최고로 알려져 있다. 한 마디로 낭만이 살아 있는 도시다.

흔히 인도 음악은 서양 음악과 달리 영혼을 파고드는 애조 띤 가락이 대부분이다. 인도 음악은 서양 음악처럼 특별한 악보가 있는 것이 아니라 스승과 제자 사이의 영혼의 교감으로 이어진다는 것이 아주 독특한데, 아마도 이러한 교육법으로부터 영혼을 움직이는 음조가 만들어지는 것이 아닐까 싶다. 리듬을 이루는 타라 tara와 멜로디를 이루는 라가 raga로 구성된 인도의 전통 음악을 듣고 있으면 마치 저 넓은 광야에 나 홀로 외롭게 서 있는 듯한 느낌을 받곤 하는데, 그것은 슬픔이라기보다는 일종의 평화로움이다.

인도의 시타르 Sitar는 세계적으로 마음을 사로잡는 소리로 유명하다. 이 악기는 티크 나무와 커다란 과일의 마른 껍질을 건조한 호리병박 열매로 만들어졌다. 시타르는 보통 2개의 다른 악기와 함께 연주된다. 두 개의 작은 드럼 세트를 인도에서는 타블라 Tabla라고 부른다. 하나는 나무로 만들어졌고, 다른 하나는 금속으로 만들어졌다. 탄부라 Tanpura는 윙윙거리는 소리로 음악적 음조의 연속성을 유지하는 현을 가진 악기이다. 또 다른 현악기인 사랭기 Sarangi 는 목재로 새겨진 악기로 그 현은 세로로 길게 뻗쳐져 있다.

나는 인도 전통 악기 중에서 타블라와 사로드 sarod라는 악기를 좋아한다. 타블라의 가슴을 뛰게 만드는 듯한 에로틱한 소리와 사로드의 가슴을 어루만

거리의 악사들. 인도의 전통 음악 중에서 라자스탄의 음악은 최고로 알려져 있다.

아크바르 황제가 배석한 가운데 음유시인이자 전통 음악가인 스와미 하리다스(Swami Haridas)가 힌두 음악
가에게 류트(lute) 악기를 들고 음악을 가르치고 있다. (라자스탄 양식, 1750년)

지는 늦한 로맨틱한 소리는 감동을 주기에 충분하다. 음악은 메시지다. 그것
은 영혼을 울리는 메시지다. 음악은 우리에게 무엇을 주는가. 타블라 연주를
잘하는 친구가 있었다. 음악을 사랑한다는 이 친구는 7년 동안 타블라 연주
를 해왔다. 그는 말했다.

"나는 음악을 사랑해. 음악은 나를 충만하게 해."

영혼을 충만하게 채워주는 소리에 대한 깊은 사랑이 아직도 인도에서 전
통 음악을 생존하게 하는 이유이리라. 영혼의 소리가 살아 있는 곳. 그것은
아마도 떠도는 사막인의 영혼의 소리이리라. 떠도는 사막인의 애달픈 삶의
시련이 바람을 타고 흩어지고 있구나.

바람이 잘 통하는 격자형 벌집 모양의 창문이 많아 '바람의 궁전'이라고 불리는 하와마할 궁전.

바람의 궁전이라는 이름으로도 불리는 하와마할Hawa Mahal 궁전으로 발걸음을 옮겼다. 이곳은 자이푸르의 가장 흥미로운 볼거리이다. 세상 밖으로의 출입이 제한되었던 왕궁의 여인들이 도시의 생활을 엿볼 수 있도록 하기 위해 바람이 잘 통하는 격자형 창문을 보는 재미가 있다. 1799년에 세워졌고, 라자스탄만의 독특한 궁궐 문화를 느끼게 한다. 그냥 보기에는 궁전 건물치고 작다는 느낌을 받는데, 오르면서 보니 바람의 궁전답게 시원한 바람이 불어오고 탁 트인 자이푸르 도시의 전경을 한눈에 볼 수 있다.

또 다른 볼거리는 자이푸르에서 조금 떨어진 곳에 위치한 암베르 성Amber Fort이다. 이곳은 독특한 라자스탄만의 문화를 느낄 수 있는 곳이다. 자이푸르가 오늘날 라자스탄의 수도라면, 암베르 성은 1037년부터 1726년까지 카츠와하 왕조의 수도였던 곳이다. 궁궐의 역사는 아크바르 군대의 라지푸트Rajput 명령자인 마하라자 만싱에 의해 1592년 건축되기 시작하여 18세기에 자이싱

에 의해 완성되었다. 라지푸트 건축물 중 최고이다. 무엇보다도 벽면에 그려
진 다양한 식물 등으로 표현된 아라베스크 문양은 독특하고, 대리석과 거울
로 꾸며진 왕과 왕비의 침실인 쉬시 마할Sheesh Mahal(거울의 방)은 화려함을 자랑
한다.

　암베르 성이 이렇게 화려한 전성기를 누릴 수 있었던 것은 무굴제국과 화
친을 맺었기 때문이다. 원래 라지푸트족은 5세기에 중앙아시아에서 인도로
건너온 유목민이었는데, 불의 정화의식을 거쳐 무사 계급, 즉 크샤트리아로
탄생했다고 한다. 이처럼 그들이 크샤트리아 계급의 후예인 것을 과시하여
왕권과 그 지배의 정당성을 꾀한 배경에는 이슬람 세력과의 대결에서 힌두
문화의 주역이라는 입장을 선명하게 내세울 필요성 때문이라는 해석도 있다.
어쨌든 힌두족인 라지푸트의 여러 왕조는 10세기 말부터 시작되는 이슬람교

라지푸트 건축물을 대표하는 암베르 궁전. 1592년에 건축되기 시작하여 150년에 걸쳐 완성되었다. 18세기
중엽 자이푸르로 수도를 옮기기 전까지 700년 동안 카츠와하 왕조의 성이었다.

암베르 성 입구

도의 침입으로 수세기에 걸쳐 항쟁을 거듭했고, 12세기부터는 델리를 중심으로 한 이슬람교들과 350년간의 전쟁을 치렀다.

하지만 16세기에 무굴제국이 들어서자 상황이 바뀌었다. 무굴제국의 시조는 바부르였지만 실질적 창시자는 아크바르 대제였다. 아크바르는 라지푸트와의 전쟁을 원하지 않았다. 그래서 라지푸트와의 혼인 정책으로 화친을 맺었다. 또한 그는 라자스탄을 기반으로 탄탄하게 자리 잡고 있던 강력한 힌두 세력인 라지푸트들을 제국의 군사 책임자로 기용했을 뿐 아니라 유능한 힌두 출신들을 고위직에 임명하기도 했다.

무굴제국과의 화친 정책에 따라 암베르 성의 라지푸트 왕은 자신의 여동생을 아크바르의 왕비로 만들면서 무굴제국의 동반자가 되어 특권을 누릴 수 있었다. 이후 라자스탄 일대에서 가장 큰 세력으로 성장했다.

라지푸트 왕을 접견하는 아크바르 대제 (1590년)
아크바르 대제는 재위 기간 중 어디를 가든 화가를 데리고 다니며 자신의 행적을 그림으로 기록했는데, 이를 '아크바르나마(Akbarnama)'라 한다. 이것은 177장면의 세밀화로 구성되어 있다.

카주라호가 들려주는 석상의 노래
깊은 슬픔을 위로해준 브라만 사제의 열정

카주라호는 아주 작고 아담한 시골 마을이다. 이 소박한 마을이 외국인들의 눈길을 붙잡아 발을 묶어 놓는 이유는 에로틱 사원에 새겨져 있는 인간의 성행위 조각상들 때문이다. 이 에로틱 사원에 나타난 독특하고 과감한 인도의 성문화는 인간의 가장 원초적이고 본능적인 성에 대한 궁금증을 보여줌으로써 모든 이방인들의 지독한 관음증을 충족시켜주고 있다.

하지만 무성한 입소문으로 떠돌고 있는 그 전설을 막상 대하고 보니 '석상의 노래'처럼 들렸다. 아, 저렇게 돌들도 아름답게 사랑을 하는구나. 사랑에 대한 호기심이 오히려 사랑을 향한 외로움만 잔뜩 심어놓고 말았다. 에로틱 석상들은 생명 있는 사랑을 그리워하며 이렇게 노래 부르고 있지는 않을까.

소중한 목숨을 버릴 만큼
나를 사랑해줄 사람은 누구일까.
나를 위해 누군가 한 사람 바닷물에 익사한다면
나는 돌에서 해방되어
생명체로, 생명체로 되살아나는 것이다.

카주라호 힌두 사원 중의 하나인 칸다리야 마하데브 사원. 카주라호의 사원군 중에서 최대를 자랑한다.

이렇게도 나는 끓어오르는 피를 그리워한다.
그러나 돌은 너무나 조용하기만 하다.
나는 생명을 꿈꾼다. 생명은 참으로 좋은 것이다.
나를 잠 깨워줄 수 있을 만큼 강한
용기를 가진 자는 아무도 없는가.

그러나 언젠가, 나에게 가장 귀중한 것을 주는
생명으로 내가 다시 되살아난다면……
그때 나는 혼자 울리라.
내가 버린 돌을 생각하며 울리라.
나의 피가 포도주처럼 익는다 하더라도
그것이 무슨 소용이 있으랴.
누구보다도 나를 사랑하던 사람 하나를
바닷물 속에서 불러낼 수 없는 것을.

_라이너 마리아 릴케, 〈석상의 노래〉

　힌두들은 부의 추구와 성적 열망의 만족을 추구한다. 그들은 우주의 신비
를 안다. 하나가 되는 합일의 욕구가 무엇을 주는지를 안다. 좀 더 고귀하고
영원하고 절대적인 신과의 합일은 애초부터 불가능한지 모른다. 신과 인간은
절대적 심연 속에 놓여 있다. 삶과 죽음이 절대적 심연 속에 놓여 있는 것처
럼. 그렇다면 어떻게 신에게로 가까이 다가갈 수 있을까? 신을 향한 열망.
카주라호의 에로틱 석상들은 열망을 열망한다는 것이 무슨 의미인지 알려주
는 듯하다. 물, 산소, 수소, 이산화탄소로 분열되어가는 분자들이 열망을 시

칸다리야 마하데브 사원의 미투나상(남녀교합상)

작하고 열망의 간절함 속에서 비로소 생명이 탄생한다. 우주의 비밀이 시작한다. 분리를 극복하고 하나가 되려는 열망, 열망, 열망들. 이 보이지 않는 열망들이 분자화해서 사라져가는 육체에 다시 생명을 불어넣는다. 우리는 그렇게 사랑을 그리워한다. 우리는 그렇게 생명을 그리워한다. 이런 의미에서 인도에서 우리는 성적 사랑이 깊은 정신적 중요성임을 확인하게 되는 것이다. 모든 우주의 시작을 남녀의 합일에서 시작한다고 믿는 힌두의 염원이 이 에로틱 사원을 만들게 한 동기가 아니었을까 하고 추측해본다.

무엇보다도 카주라호의 사원은 중세 인도의 위대한 사원 건축 양식을 대표하는 힌두 사원이다. 역사적으로 이 사원은 지금으로부터 천 년 전 첫 번째 밀레니엄 시기에 찬델라 왕조의 한 세기 동안 건설되었다. 당시 무슬림과 힌두의 피비린내 나는 전쟁의 역사 속에서 사람들은 비참한 죽음을 보았고, 깊은 슬픔에 빠졌다. 이에 한 브라만 사제는 그들을 위로할 무엇인가를 찾았

카주라호의 사원들은 독특한 힌두 양식의 건물을 보여준다.

던 것 같다. 그는 힌두의 종교성이 죄와 슬픔을 극복하도록 도와주어야 한다는 휴머니즘적 입장에서 아마도 이 에로틱 사원을 구상하지 않았을까. 깊은 절망 속에 빠진 사람들에게 원초적 생명의 에너지인 사랑의 필요성을 역설했을지도 모른다.

그 동기야 무엇이었든 이 사원의 에로틱 석상들은 굽타 시대(320~550년) 때 쓴 사랑의 지침서 《카마수트라 Kamasutra》에서 상상력을 빌려 왔다. 《카마수트라》의 성적 이미지들은 이 거대한 신전의 벽면을 화려하게 장식하며 대중들 앞에 나타났다. 이렇게 해서 인도인의 삶과 사랑을 말할 때 빼놓을 수 없는 《카마수트라》는 카주라호 사원의 텍스트가 되어 천 년이 지난 오늘날까지 상상력을 불러일으키고 있다.

《카마수트라》라는 논문에 의하면, 힌두이즘의 완성 시기였던 굽타 시대에 도시 시민들은 문화적으로 세련되게 살았고, 삶의 기준은 꽤 높았다고 한다.

시민들은 반드시 화려한 삶은 아니었을지라도 편안하고 안락한 삶을 즐겼다. 잘 익은 계절 과일, 향기 좋은 향수와 꽃에 의해 삶은 풍요로웠고, 시와 그림과 음악 등 예술적 향유를 느끼며 대부분의 시간을 보냈다. 특별히 가장 유명한 악기인 류트lute의 연주는 필수적 과정이 되었다. 무엇보다도 세계의 교양 있는 남자들은 사랑의 예술을 잘 읊어야만 했는데, 《카마수트라》가 쓰여진 것은 이러한 정신의 목적 때문이었다고 한다. 그것은 사랑의 예술에 대해 세부적이고 분명하게 사랑과 성교의 모든 문제를 분석하고 토론하면서 그것의 정교함을 그려낸 논문이었다.

당시 이 지역에는 80여 개의 화려한 에로틱 힌두 사원들이 건설되어졌지만, 오늘날에는 단지 20여 개의 힌두 사원들만이 남아 있다. 대부분의 힌두 유적들이 무슬림의 침입으로 사라졌는데, 다행히 이곳은 지역적으로 소외되어 있었기 때문에 아슬아슬하게 그 피해를 벗어났다고 한다.

눈 화장하는 여인

발의 가시를 뽑는 여인

칸다리야 마하데브 사원 입구의 조각상. 조각의 정교함과 화려함이 독특하다.

　몇 세기 동안 이 사원은 알려지지 않았다가 1838년 영국의 한 공무원에
의해 재발견되었다. 이후 종교적 건축에 새겨진 이 에로틱 조각상의 의미와
목적에 대한 끊임없는 논쟁이 시작되었다. 한 해석에 의하면, 이 사원에서
브라만 자녀의 성교육이 이루어졌다는 일화가 전해지기도 한다. 어떠한 해석
이 나오든지 간에 이 독특한 사원은 많은 은유와 상상을 불러일으키는 것만
은 틀림없다. 단순히 관음증을 채우기 위한 눈요깃거리로 바라보기보다는 역
사적 배경 속에서 바라본다면, 이 에로틱 사원은 인간의 깊은 슬픔을 거두어
가는 마술을 보여줄지도 모른다. 그것은 삶과 죽음의 심연 속에서 살아가는
인간의 순수성을 이야기하고 있는 것이다. 그래서 카주라호의 석상들 앞에
서면 마침내 살아 있는 모든 것들이 순수하고 공허하게 다가온다.

평화의 땅, 산치
관용을 절대적 의무로 강조한 아소카 대왕

'빛은 동방으로부터.'

위대한 서구 문명을 꽃 피웠던 로마인은 지구상에서 가장 빠른 문명을 가진 고대 동방의 세계에 대해 관심을 가졌다. 새 천년에 서구는 다시 동방을 찾고 있다. 거대한 자유주의의 흐름이 지구촌을 휩쓸면서 그들은 다시 동방을 찾고 있다. 그들은 어떤 입장을 가지고 동방으로 오는 것일까. 그들은 서구의 가치를 포기한 것인가. 이것은 분명 아니다. 그들은 아직도 자신의 문화에 대한 우월성으로 가득 차 있다. 그들이 동방을 찾는 이유는 단지 하나다. 어떻게 지배할 것인가. 그들은 새로운 지배 방법론을 찾아 동방으로 오고 있다. 천 년 전 서양과 동양의 대격돌 이후 서양의 승리가 계속되었다. 하지만 다시 그 대격돌이 시작되고 있다. 역사의 수레바퀴다.

산치Sanchi는 중앙인도 지역에 위치해 있다. 이 지역은 인도 지역 중에서 가장 경제적으로 낙후되어 있어 찾아가는 길이 쉽지 않다. 먼저 마하라슈트라Maharashtra의 수도인 보팔Bopal로 들어가야 한다. 보팔에서는 산치로 들어가는 버스가 자주 있다. 일단 보팔을 빠져 나와 산치로만 들어간다면 평화로움을 느낄 수 있다. 마을은 외딴 곳에 위치해 있어 아주 고요하다. 산치 대탑

산치 대탑(제1 스투파) 전경. 아소카 대왕이 기원전 1세기에 세운 첫 불교 탑으로 기원전 2세기에 증축했다. 2천 년 이상이 지났는데도 옛 모습이 그대로 남아 있다. 이 아름다운 탑은 주위에 동서남북 네 개의 문이 있고, 그 문에는 조각상들이 새겨져 있다.

하나만을 보기 위해 공들인 수고로움이 전혀 헛수고가 아닐 정도로 산치의 아름다움은 금방 여행객의 마음을 사로잡는다.

이곳은 무엇보다도 고대 인도를 통일한 역사상 가장 위대한 군주로 알려져 있는 마우리아Maurya 왕조의 아소카Asoka(재위 : BC 265~238 혹은 BC 273~232) 대왕의 업적을 보여주는 곳이다. 우리에게 잘 알려져 있듯이 아소카 대왕의 가장 위대한 업적은 불교를 세계 종교로 이끌었다는 점이다. 그는 불교를 알려나가기 위해 돔 형태의 탑들을 여러 곳에 세웠는데, 그중 가장 웅장하고 아름다운 것이 바로 이곳에 세워져 있는 산치 대탑이다.

기원전 1세기에 세워진 산치 대탑은 2천 년의 세월을 지켜오면서 역사적 가치의 훌륭함과 아름다움을 전해주는 세계적 문화유산이다. 이 대탑 주변에는 동문, 서문, 남문, 북문으로 이루어진 네 개의 탑문(트라나Trana)이 있다. 그리고 이 문의 기둥 앞뒤에 부처의 생애와 삶을 새긴 아름다운 조각상들이 장식되어 있다. 북문은 가장 잘 보호되어 있고, 여기에는 부처의 생애 중 초기 삶의 모습과 마지막 모습이 잘 장식되어 있다. 동문은 부처가 열반으로 출입하는 장면이 묘사되어 있는데, 달의 한가운데에 서 있는 조각상 코끼리는 석가모니의 모친 마야가 그를 임신했을 때 꾸었던 꿈을 보여주는 장면이다. 남문은 가장 오래된 문으로 부처의 탄생과 아소카 대왕의 삶을 보여준다. 서문에는 부처가 마라의 유혹을 겪는 가장 흥미로운 장면을 보여주고 있다.

이 네 개의 문에 새겨진 조각상들은 그 예술적 가치는 물론 역사적·종교

산치 대탑 동서남북 네 개의 문에 새겨진 조각상. 탑문의 높이는 10미터로 앞뒤 전면에 많은 불전도(佛傳圖)·본생도(本生圖)·숭배의 대상도(對象圖)·문양도(文樣圖) 등이 돋을새김으로 양각되어 있다. 이 조각상을 통해 고대 인도인의 삶을 살펴볼 수 있다.

적 가치 또한 매우 뛰어나다. 산치의 예술은 단순히 불교 신자들의 감정을 표현한 것이 아니다. 그것은 오래된 대중예술의 고전적 성취를 보여준다. 이 조각 장식들은 고대 인도인의 뚜렷한 삶의 기록을 보여줌으로써 그 역사적 가치를 빛나게 한다.

아소카 대왕이 이렇게 훌륭한 기념물을 세워 불교를 적극적으로 장려하게 된 데에는 아주 특별한 이유가 있었다. 그는 인도 아대륙을 정복하는 과정에서 전쟁의 끔찍함을 몸소 느끼게 되었고, 마음의 위로를 찾다가 자연스럽게 비폭력과 불살생을 강조하는 불교에 귀의하게 되었다. 불교를 받아들인 후에도 그는 다른 종교에 대하여 열린 마음을 가짐으로써 '관용'을 절대적 의무로 강조했다. 진정한 군주는 무력이 아니라 정신적 감화로 국민을 통치해야 한다는 이념에 힘입어 광대한 제국은 오랫동안 평화를 유지할 수 있었다. 역사상 가장 위대한 군주는 관용과 포용의 정신을 가진 불교에서 통치 원리를 찾았던 것이다. 이후 불교는 평화의 메시지로 전파되었고, 산치는 평화의 땅으로 전해 내려오고 있다.

오랜 세월 동안 방치되어 있던 산치는 영국 식민지 때 한 영국인에 의해 발견된 이후 국립공원처럼 잘 조성되어 지금은 작지만 아름다운 불교 성지로 각광 받고 있다. 무엇보다도 이곳은 서구 여행객들의 발길이 끊이지 않고 이어지는 명소 중의 명소이다. 산치 대탑을 세심히 관찰하고 있는 서구 여행객들을 지켜보고 있으면 동양 정신에 대한 그들의 열의를 읽을 수 있다. 그들은 광대한 지역을 평화로 다스린 아소카 대왕과 그가 믿었던 불교 정신을 통해 어떻게 오랫동안 제국이 평화롭게 유지되었는지를 상상할 것이다. 아마도 그들은 지배와 정신의 함수관계를 풀기 위해 애쓰는지도 모른다. '정신'을 가지고 '지배'한다는 것의 의미를. 아니 그들은 벌써 새로운 지배 양식을 터득했는지도 모른다. 우리가 우물 안에서 우리끼리 아옹다옹하고 있는 동안 우

산치 대탑 서문. 부처가 마라의 유혹을 겪는 가장 흥미로운 장면을 보여주고 있다.

리보다 한 발 앞서 나가 우리를 지배할 새로운 정신을 만들었는지도 모른다. 그들의 발 빠른 행보를 보면서 여전히 서구의 세기가 계속될 것임을 보는 것 같아 씁쓸하기만 했다.

우리는 언제쯤 이 산치 대탑을 자유롭게 볼 수 있을 것인가. 그 정신적 자유를 자유롭게 상상할 수 있을 것인가. 혹시라도 산치를 방문할 기회가 있는 여행자라면 한 번쯤 아소카 대왕의 불교 정신이 무엇인지 상상해보기를 꼭 권하고 싶다. 평화의 땅에서 평화의 메시지에 귀 기울여보기를 권하고 싶다. 대평원 너머에서 울려오는 메아리가 우리에게 새로운 시대를 살아갈 희망의 메시지를 들려주고 있는지도 모르지 않는가.

산치 대탑 북문. 북문은 가장 잘 보호되어 있는데, 그 조각상들은 부처의 생애 중 초기 삶의 모습과 마지막 모습 등을 주제로 하고 있다.

북문 조각상 세부

산치 대탑 남문. 남문은 가장 오래된 문으로 부처의 탄생과 최초로 이곳에 불탑을 세운 아소카 대왕의 삶을
보여준다. 아소카 대왕이 건립한 석주(石柱)의 사자주두(獅子柱頭)가 남아 있다. 가장 훌륭한 문이다.

남문 조각상 세부

산치 대탑 동문의 조각상. 부처가 열반으로 출입하는 장면이 묘사되어 있다.

산치 대탑 동문의 망고나무와 여인상

산치 대탑 뒤편에 위치한 불교 사원 터

열정의 꽃, 암리타 셰르길
색채의 영역을 지배한 천재 여성화가

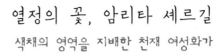

　여성의 위대성은 이미 많은 역사가 증명해주고 있다. 그중에서도 자신의 색깔과 목소리로 존재했던 여성들은 아직도 우리의 뇌리를 떠나지 않은 채 많은 여성들에게 하나의 교훈을 가르쳐준다. 왜냐하면 자기 자신으로 존재한 다는 것이 얼마나 어려운 것인지를 여성들 스스로가 너무나 잘 알고 있기 때문일 것이다. 그래서 자신의 삶을 온통 자신에게로 집중했던 여성들을 만나면 같은 여성의 입장에서 부러움과 함께 묘한 질투심을 느끼게 된다. 내가 그렇게 살지 못해서, 그렇게 살고 싶지만 재능이 없어서, 재능이 있더라도 용기가 없어서, 용기가 있더라도 사랑받고 싶어서……. 아마도 이런 이유들 때문에 여성들은 한 남자의 아내 또는 어머니의 길에 만족하는 것인지도 모른다.

　자신의 삶을 많은 고통 속에서 살면서 위대한 색채를 창조한 두 명의 화가가 있다. 초현실주의 화가인 멕시코의 프리다 칼로와 우리의 천경자 씨. 이 두 여성의 닮은꼴은 그들의 삶에서 볼 수 있다. 주체할 수 없이 강렬한 표현욕구는 그녀들의 삶을 결코 쉽게 놓아두지 않았다. 그녀들은 이것을 운명으로 받아들이면서 자신과의 싸움을 통해 자신의 세계를 이룬 진정한 예술 정신의 산증인이었다. 그리고 나는 여기에 또 한 명의 여성화가를 덧붙이고 싶

암리타 셰르길(Amrita Sher-Gil, 1913~1941)

다. 그녀의 이름은 암리타 셰르길Amrita Sher-Gil(1913~1941).

그녀는 누드를 그렸다고 해서 학교로부터 퇴학당한 경험이 있었다. 1920년 당시 나이 어린 소녀가 누드를 그렸다는 것은 교사들 눈에 발칙한 짓으로 보였을 것임에 틀림없다. 오늘날에도 나이 어린 소녀가 누드를 그린다면 분명 쌍심지를 켜고 쏘아볼 일이다. 기존의 틀을 벗어났을 때 그 처벌은 가혹한 것이다. 어린 나이에 받았을 가혹한 상처에도 굴하지 않고 그림에 대한 열정을 쏟아 부었던 한 뛰어난 천재 화가는 바로 아시아에 있었다. 우리에게 전혀 소개된 적이 없는 이 여성화가는 인도인이었다. 그녀의 작품은 현재 뉴델리에 있는 현대미술관에서 감상할 수 있다. 이곳은 나에게 강렬한 영감을 불어넣어준 특별한 장소로 기억되는 곳이기도 하다.

흔히 전재 여성화가가 가시고 있을 빕한 드라마틱한 삶을 그녀 역시 보여준다. 그녀는 1913년 헝가리의 부다페스트에서 출생하여 프랑스에서 그림을 공부한 인텔리 여성이었다. 유럽 생활의 한가운데서 그녀는 인도로 돌아가고 싶은 강렬한 열망에 사로잡히기 시작했으며, 거기에 화가로서의 자신의 운명이 있음을 느껴 1934년 인도로 돌아왔다. 그때 이미 그녀는 세잔느, 모딜리아니, 고갱 등 후기 인상파 화풍을 향해 움직이고 있었다. 그리고 인도 전원에서 고갱의 타이티 풍경과 똑같은 것을 발견했다. 인도 전원 풍경들은 우수의 감정을 불어넣었고, 그것은 종종 그녀의 그림 속에서 현실화되었다. 초기 유럽풍의 성숙하고 민감한 초상화와 누드에서 인도 전원의 진지한 이미지로

〈세 소녀Three Girls〉,
Oil on Canvas,
66.5×92.8cm, 1935년,
인도 국립현대미술관 소장

의 전환은 그녀 자신의 인도 뿌리로의 회귀를 보여주었으며, 그것은 한 마디
로 자아 발견의 여행이었다. 그녀의 감각적 누드와 인도 전원의 진지한 이미
지는 당시 새로운 예술운동의 기초가 되었다.

　1936년 아잔타 방문은 화가로서의 그녀의 인생에 커다란 전환점이 되었
다. 그녀는 아잔타 예술을 통해 '가장 순수한 형태'인 그림을 보았고, 고대
예술의 본질을 성취하는 법을 배웠다. 이후 그녀는 '서구의 테크닉'과 '인도
의 감수성' 사이의 차이에 접근했고, 비로소 서양과 동양의 융합된 스타일을
자신의 그림 세계에 담아냈다. 그러나 이것은 전원적 낭만성과는 거리가 멀
었다. 또한 당시 인도 민주주의에 커다란 흐름을 끼친 산티니케탄의 '오리엔

〈시장으로 가는 남인도 사람들
South Indian Villagers Going to Market〉,
Oil on Canvas, 1937년,
인도 국립현대미술관 소장

딜 운동'과도 거리를 두었다. 그녀의 출발점은 오직 '동양과 서양의 융합'이
라는 새로운 장르에 있었다. 후에 이것은 인도 현대 예술의 일부분이 되었다.
이러한 흐름은 고대 알렉산드로스 대왕의 인도 원정의 결과였던 '간다라 미
술' 속에서 찾아볼 수 있다. 한 마디로 인도 불교 미술과 서구 그리스 미술의
융합을 시도했던 미술운동이 바로 간다라 정신이라고 볼 때, 그녀의 새로운
장르는 바로 여기에서 유사점을 찾아볼 수 있을 것이다. 그것은 그리스인의
손을 가졌지만 마음은 인도인의 것이었다.

"그 아이의 야망은 무엇인가 고귀하고 영원하고 중요한 것을 창조하는 것
이었죠."

그녀의 어머니가 말한 것처럼 그녀의 야망은 그림 속에서 찾아볼 수 있다. 그녀의 그림은 강렬한 색채의 넘칠 듯한 풍부함으로 사람들을 압도하고 있었다. 그녀의 뛰어난 작품 중 몇몇은 남인도 방문 후 성취되었다. 〈시장으로 가는 남인도 사람들South Indian Villagers Going to a Market〉(1937), 〈신부의 화장Bride's Toilet〉(1937) 등은 인도 화가들의 가슴에 깊은 인상을 새겨놓게 된다. 이 그림들은 새로운 장르, 새로운 방법의 컬러 사용을 보여주었다. 그녀는 특별한 색채주의자였다.

"색채는 나의 영역이다. 내가 그것을 지배하는 것은 대체로 쉽다……."

그림에 대한 타협할 줄 모르는 창조성은 그녀를 그 시대의 독불장군으로 보이게 했지만, 오히려 이러한 개인성은 그녀 자신의 천재성을 보여주는 일면이다. 어려서부터 끊임없이 그림만 그렸던 그녀는 젊은 의사였던 그녀 사촌과의 짧은 결혼 후 스물여덟 살의 나이에 의문의 죽음을 맞게 된다. 대부분의 화가가 자신을 찾기 시작할 무렵 그녀는 미스터리의 비극적 상황 속에서 짧은 열정의 꽃을 피우고는 안타깝게 죽음을 맞이했다. 아시아 최초의 현대 여성화가였다.

한 여성화가에게 뛰어난 영감을 준 가장 순수한 형태의 그림인 아잔타 Ajanta 석굴의 벽화들을 보고 싶은 열망으로 데칸 Deccan 고원을 가로지르고 있다. 푸네Pune로부터 출발한 버스는 아우랑가바드Aurangabad로 향하고 있다. 푸네에는 오쇼 라즈니쉬가 세웠다는 아쉬람이 있다. 그의 아쉬람은 잘 조직화된 세계적 명상센터답게 많은 서양인들이 눈에 들어왔다. 그들을 깊이 이해할 시간이 없었다. 단지 왜 서양인들이 라즈니쉬에게 열광할 수밖에 없는지를 이해하려고 노력했을 뿐이다.

오쇼 라즈니쉬는 사실 인도인에게보다는 서양인에게 더 유명한 정신적 지도자이다. 우리에게도 잘 알려져 있는 그는 오늘날 마치 구원의 상징처럼 소개되어 있다. 그의 성공은 물질과 정신 사이에서 방황하는 현대인의 심리를 잘 조직화했기 때문이다. 물질문명이 만들어낸 정신의 피폐함이 라즈니쉬 현상을 몰고 왔다고 볼 수 있다.

물질과 정신의 문제는 결국 주체와 객체의 문제다. 물질과 정신이 평등하지 않을 때 그것의 정체성을 찾기란 쉽지 않다. 모든 문제는 여기에서부터 비롯된다. 결국 철학자 러셀이 간파한 것처럼 사랑 없는 섹스는 맹목이고, 섹스 없는 사랑은 공허하다. 그것은 철학 없는 역사는 맹목이고, 역사 없는 철학은 공허한 것과 같은 논리다. 결국 몸과 마음이 하나였을 때 우리의 갈등은 사라질 것이다. 하지만 현실에서 우리의 삶은 너무나 분열되어 있고, 그것은 맹목과 공허의 인간관계를 만들어낸다. 현대를 살아가는 우리는 이러한 맹목과 공허의 위험 사이에서 너무나 외롭게 존재한다.

데칸 고원을 가로질러 아우랑가바드로 달려간다. 끊임없는 이민족 침략의 역사 속에서 무수한 말발굽들이 스쳐 지나갔을 대평원. 대평원이 주는 광활함만큼이나 이 길은 가장 아름다운 인도의 전원 풍경을 보여준다. 아마도 당시 이 천재 여성화가 역시 이 길을 따라 여행하지 않았을까 상상해본다. 차창 밖 데칸 고원의 푸르름은 신시한 전원적 이미지를 그녀의 가슴속에 새겨 놓았으리라. 그리고 그것은 그녀에게 엄청난 영감을 불러일으켰으리라. 아, 영감의 인도여!

인류 최고의 예술 동굴, 아잔타

죽음과 맞바꾸며 이루어낸 최대의 불교 성지

아잔타 석굴을 보기 위해서는 긴 계단을 총총히 올라가야 한다. 인류 역사에 영원히 남을 세계문화유산을 직접 눈으로 본다는 설렘에 가슴은 어느새 풍선처럼 부풀어 있었다. 그 고귀한 예술을 두 눈으로 확인할 수 있다는 생각에 계단을 오르는 발걸음도 풍선처럼 가볍게 떠다니고 있었다. 아무 수식 없이 그 느낌만을 전달하라고 한다면 한 마디로 아잔타는 황홀하다. 그 역사성에서뿐 아니라 정신에 있어서도 아잔타는 인간의 한계를 뛰어넘어 존재한다. 나 자신의 인간됨이 자랑스럽다가도 그들의 정신 앞에 서면 한없이 초라해지고 마는 배반의 느낌 때문에 그 이상의 감상을 전달하기는 쉽지 않다.

아잔타와 엘로라 Ellora 석굴은 인도사에서 가장 영광스러운 시기 중의 하나인 굽타 시대(5세기 무렵에는 종교, 문학, 미술, 철학이 번성했는데, 특히 간다라 양식을 인도화한 불상 조각이 발달했다)의 문화재로 예술성과 역사성에서 높이 평가 받고 있다. 이 시기 대부분의 문화재는 끊임없는 이민족의 침입으로 많은 것들이 파괴되었지만, 아잔타와 엘로라는 석굴의 형태로 존속했기에 그 피해로부터 벗어날 수 있었다. 인도 역사에서 굽타 왕조 시대는 힌두 문화가 꽃 피우던 힌두 르네상스 시기였다. 문학에서는 대표적 서사시인 《라마야나》와 《마하마라타》

아우랑가바드에서 106킬로미터 떨어져 있는 아잔타는 데칸 고원을 구불구불 흐르는 와고라 강의 계곡을 따라 말발굽 모양으로 이루어져 있다. 29개 석굴에는 불교 벽화와 석상들이 보존되어 있다. 전체 석굴의 길이는 1.5킬로미터에 이르는데, 시기는 기원전 2세기에서 기원후 7세기에 걸쳐 조정되었다고 한다. 중앙의 제8~11굴과 13굴은 기원전 2~1세기, 제6~7굴과 12~20굴은 5세기경, 제1~5굴과 제21~29굴은 5~7세기에 만들어졌다고 추정된다.

가 산스크리트어로 쓰였으며, 그 이야기를 텍스트로 해서 예술은 높은 발전을 이루었다.

아잔타의 화려한 동굴 벽화 그림은 인도로부터 남쪽의 스리랑카와 북쪽의 중앙아시아에 이르는 종교 예술의 한 학파를 창조할 정도로 그 영향력이 대단했다. 기원적 2세기에 불교 승려들은 이곳 아잔타에 정착하여 수도승의 삶을 시작했다. 수도승으로서 그들의 삶의 전통은 건조 계절 동안에는 탁발승이 되고, 비와 홍수 때문에 밖으로 나가는 것이 불가능했던 몬순 시기에는 공동체를 형성하며 칩거생활을 하는 것이었다. 칩거생활 동안 수도승들은 물만 가지고 독거생활에 들어가는 고행의 시간을 견디게 된다. 이때 수도승들은 고통을 견디며 동굴의 벽면을 파고 다듬으면서 그림을 그리기 시작했는

아잔타 동굴 19번(5세기경). 입구에는 부처 입상이 있다. 벽면을 에워싼 수많은 부처상으로 인해 '조각들의 보물창고'라는 별칭을 가지고 있다.

아잔타 26번 동굴(5~7세기경) 내부의 스투파

데, 이것이 그 유명한 아잔타 벽화 그림의 탄생 배경이다. 육체적 고통을 감내하며 그것을 정신적으로 승화시킨 고대 수도승들을 생각하면 예술이란 죽음과 맞바꾸며 이루어내는 또 하나의 삶임을 깨닫게 된다. 결국 이 동굴은 수도승들을 위한 훌륭한 거주지이자 동시에 신념의 무덤이었다.

우리는 아잔타 벽화와 천정화를 통해 부처의 삶과 불교 신자들의 헌신을 확인해볼 수 있다. 이것은 또한 예술사적으로 인도 불교 미술의 극치를 보여주는 것으로써 인도가 세계 불교문화의 종교적 중심지로 있었던 700년 동안의 관습과 태도와 삶의 방식을 보여주는 역사적 자료들이라 할 것이다. 이후 인도 문화의 우수성은 3~4세기경에 이미 국경을 넘어 널리 동아시아에까지

아잔타 26번 동굴(5~7세기경) 내부에 조각된 인도 최대의 부처 와불. 평온한 표정이 압권이다. 현장법사는
이 열반상에 대해 '적멸에 든 신령의 감응'이라는 최대의 찬사를 보냈다.

전파되었다. 인도와 중국의 국경 사이에 위치한 티베트는 불교 국가가 되었
으며, 산스크리트 계통의 언어가 이 지역에 뿌리를 내려 오늘날까지 사용되
고 있다. 또한 초기의 소승불교는 인도 사회에 흡수되었지만, 대승불교는 중
국, 일본 그리고 우리나라에서 받아들여져서 또 다른 불교 발전을 이루었다.

한편, 불교가 인도에서 쇠퇴하면서 이 동굴 또한 어느 날 갑자기 사라졌다
가 1819년 존 스미드라는 영국인에 의해 우연히 다시 발견될 때까지 이곳은
비밀의 시간 속에 묻혀 있었다. 지금은 세계문화유산으로 남아 그 위대성을
확인하려는 발걸음이 끊이지 않는 세계 최고의 불교 성지 중의 하나이다.

열반의 경지를 위해 죽음과 싸워온 인간 정신의 승리. 이곳으로의 여행은
분명 또 다른 시간으로의 여행이다. 천재 여성화가에게 영감을 불어넣었던
순수의 동굴 아잔타여, 영원하라.

인도의 그림과 아잔타 벽화 예술
빛과 어둠의 기법으로 그려진 종교 예술

인도에서 미술은 다른 예술만큼이나 훨씬 오랜 역사를 가지고 있다. 하지만 그림이 가지고 있는 소멸하는 본질 때문에 남아 있는 것은 거의 없다. 바위에서 발견된 그림으로는 사냥과 전쟁 장면이 대표적인데, 오늘날 이 모든 인도 예술은 보호되지 못했다.

인도에서 그림은 기원전 8세기 이전에 나타난 것으로 추정되지만, 현존하는 그림은 10세기 이후의 것들이다. 인도에서 예술에 대한 화가의 이상은 주로 나뭇잎 디자인 무늬에서 보이는 정교한 장식을 기준으로 생각했거나 도자기 무늬에서 보이는 기하학적 패턴을 중요하게 생각했던 것 같다.

일반적으로 인도 그림은 벽화 미술과 세밀화로 나누곤 한다. 세밀화는 중세 무굴제국 시기에 새로운 형태의 그림을 성취한 것이므로, 인도 미술의 원형은 바로 벽화 미술에서 찾을 수 있을 것이다. 가장 초기의 유산은 아잔타의 석굴 사원에서 발견된다. 이것은 기원전2세기에서 기원전 1세기의 산치 조각상들을 생각나게 하는 스타일이다. 또한 아잔타에서 발견된 것은 고대 인도 문명이 꽃 피우던 때인 5세기에 번창했던 인도 벽화 예술의 대륙적 유산이다.

연화수보살로 불리는 '보디사트바 파드마파니 (Bodhisattvas Padmapani)'(5세기경)
아잔타 1번 동굴 벽화 중 최고 걸작으로 꼽히는 연꽃을 든 부처. 1번 동굴은 전체 아잔타 석굴 중에서 가장 아름다운 동굴로 벽화 예술의 무한한 가치를 지닌 곳이다. 대부분의 벽화들은 자타카(Jataka)라는 부처의 전생 이야기와 부처의 생애에 대한 그림이다. 암리타 셰르길은 이 그림을 보고 가장 순수한 형태의 그림을 성취하는 법을 배웠다고 한다.

보관을 쓰고 있는 밀적금강보살로 불리는 '보디사트바 바즈라파니(Bodhisattvas Vajrapani)' (5세기경)

아잔타 벽화는 엄청난 동굴 사원의 벽과 천장을 장식했다. 주제는 부처의 삶에 대한 주요 사건을 묘사했다. 천장은 연꽃 줄기와 동물과 새에 기본한 풍부한 모티프를 가지고 장식되었다. 이러한 스타일은 후기 인도 예술에서 보이는 것과는 달리 자유롭고 활동적인 형태를 유지했다. 대부분의 그림은 붓으로 그려졌고, 과학적 명암법과는 상관없는 빛과 어둠의 기법과 색깔의 종류에 따라 몸체와 본체가 구분되었다. 이야기는 기승전결의 구조를 가지고 진행되었으며, 이는 종교 예술의 오랜 전통이었다. 이후 동굴 사원의 예술은 6세기와 7세기에 또 다른 지역의 동굴 사원 양식에 많은 영향을 끼쳤다.

아잔탄 1번 동굴 입구에 그려진 마하자나카 본생담 벽화.
마하자나카 왕 앞에서 관능적 춤사위를 펼치며 유혹하지만 그의
출가의 길을 막지는 못했다.

마하자나카 본생담 벽화 세부.
춤추는 무희와 악사들.

　무엇보다도 아잔타 방문의 목적은 1번 동굴의 무한한 가치를 느끼는 것만
으로 충분하다. 흔히 '연꽃을 든 부처'라는 타이틀로 유명한 '보디사트바
bodhisattvas'는 풍부한 우아함과 정신적 평온이 결합된 이미지를 보여준다. 이
것은 물질의 세계와 궁극적 세계로의 열반에 대한 이미지를 초자연적 평온함
으로 보여주는 것이다. 이 그림 하나만을 보기 위해 아잔타를 방문한다고 해
도 발품이 헛되지 않을 정도로 이 그림은 충분한 가치를 가지고 있다. 세상
의 모든 오욕五慾을 거부하고 가장 순수한 미소를 보여주는 그림이다.

　아잔타 벽화들은 프레스코fresco 기법으로 그려졌다고 한다. 이 기법은 회
벽을 바르고, 마르기 전에 물에 갠 안료를 회벽에 바르는 방식을 말한다. 물
감이 마르면서 회반죽과 함께 굳어 벽의 일부처럼 되는 것이다. 아잔타 벽화
들은 돌벽에 쌀겨가루나 돌가루 반죽을 바른 후 붓으로 그림을 그린 독특한
방식을 보여준다.

아잔타 2번 동굴 마하자나카 본생담. 금욕주의를 실현하기 위해 왕위를 물러나겠다고 선언하는 왕.

아잔타 2번 동굴에 그려진 '부처의 탄생'. 왕자가 마야 왕비의 오른쪽 옆구리에서 태어난다.

신의 손으로 빚은 동굴, 엘로라

불교, 힌두교, 자이나교가 한자리에 모이다

아잔타로부터 30분 정도의 거리에 위치해 있는 엘로라는 몇 세기에 걸쳐 발생한 고대 인도 종교인 불교, 힌두교, 자이나교의 발전 과정을 보여주는 좀 더 후대의 석굴이다. 아잔타와 같은 벽화 미술은 찾아볼 수 없지만, 석상들을 통해 불교, 힌두교, 자이나교의 신앙 형태를 살펴볼 수 있는 것이 그 특징이다. 엘로라는 이들 종교의 다양한 형태와 성격을 보여주기 때문에 색다른 재미를 선사한다.

엘로라의 다양한 동굴군 중 1번부터 12번까지는 5세기에서 7세기까지 불교도에 의해, 13번에서 29번까지는 8세기에서 10세기의 힌두교도들에 의해, 30번에서 34번까지는 9세기에서 11세기의 자이나교도들에 의해 완성된 독특한 형태를 가지고 있다. 인도가 종교적 발생지임을 느끼게 되는 순간이다.

무엇보다도 엘로라 동굴군 중에서 단연 압권은 16번 동굴인 '카일라사 Kailasa 사원'이다. 불교나 자이나교와 달리 이 힌두 사원은 화려한 모양과 장식을 자랑한다. 카일라사 사원은 그 화려함에 입을 다물지 못하게 만드는 아름다운 사원이다. 이 힌두 사원은 하나의 커다란 바위산을 위에서부터 아래

엘로라는 아잔타로부터 30분 거리에 있다. 불교 동굴군과 힌두 동굴군, 그리고 자이나교 동굴군으로 이루어져 있어 다양한 종교의 모습을 살펴볼 수 있는 곳이다.

로 그대로 깎아 만든 것이라고는 믿겨지지 않게 마치 찰흙을 주물러 마음대로 빚어낸 듯이 자유롭게 보인다. 인간이 만들었다기보다는 신의 손으로 빚었을 것 같은 이 사원의 제작 과정은 우리의 상상을 초월한다. 엘로라 동굴이 아잔타 동굴보다 더 훌륭하다는 느낌을 갖게 만드는 것은 바로 이 사원의 존재 때문이다. 그 화려함과 웅장함과 과학성 앞에 인도 문화의 위대한 힘을 느끼게 된다. 이것은 또한 인류의 위대성을 증명해주는 보고寶庫일 것이다.

한 여행객이 계단에 쪼그리고 앉아 엽서를 쓰고 있다. 엘로라와 아잔타에서 받은 강한 인상을 적고 있는 듯하다. 엘로라와 아잔타는 인도의 종교적·문화적 우수성을 보여주는 역사상 가장 위대한 유산이다. 말로는 설명할 수 없는 이 역사적 거대함이 우리를 아주 작은 존재로 만들고 말았다. 종교의 힘은 이토록 대단한 것인가.

힌두 동굴군 16번 카일라사 사원 벽면의 조각상. 《라마야나》의 전투 장면들을 묘사하고 있다.

　자연과 하나가 된 우리의 순박한 문화와 비교해보면, 인도의 모든 유적들은 크고 웅장하다. 그 위압감에 우리는 한껏 주눅들 수밖에 없다. 이러한 문화적 차이는 분명 의식의 차이를 보여주는 하나의 상징이기도 하다. 여기에서 우리는 신을 향한 사랑만으로 자신을 철저히 신에게로 귀의시킨 정신의 승리를 확인해볼 수 있는 것이다. 인간 정신이 인류에게 남긴 것이 무엇인지를 확인하며 총총히 돌계단을 내려왔다.

엘로라의 16번 동굴인 힌두 사원 카일라사의 전경(757~783). 깊이 86m×너비 46m×높이 35m.
카일라사 사원을 위에서 내려다본 모습. 이 사원은 인도 건축사에서도 한 획을 그은 사원이다.
시바 신을 모신 사원으로 라슈트라쿠타 왕조의 크리슈나 1세(재위 756~773) 때 세워졌다.
거대한 바위산을 통째로 위에서부터 깎아내렸다고 하는데, 그 후 100년에 걸쳐 만들어졌다.

불교 동굴군 외부의 모습. 1번부터 12번까지는 불교 동굴군을 이루고 있다(3~7세기).

불교 동굴군 내부의 모습. 힌두 동굴군에 비하면 그 형태와 장식이 소박한 특징을 보여준다.

힌두 동굴군 14번. 13번에서 29번까지는 힌두 동굴군으로 활동적이고 화려한 모습을 보여준다.
14번과 15번 동굴군은 인도 조각의 결정판일 정도로 훌륭하다. 힌두 문화의 원형이 잘 보존되어 있다.

힌두 동굴군 15번. 이 동굴은 다스 아바타라(Das Avatara) 사원으로 불린다.
비슈누 신에게 헌신하는 동굴 사원이다.

29번 힌두 동굴군으로 이끄는 낭떠러지 길은 그 경관이 빼어나다.
폭포의 물줄기를 지나 동굴에 도달하면 파괴의 신 시바의 모습을 볼 수 있다.

29번 힌두 동굴의 시바 상. 이 시바 상은 뭄바이 '엘레펀트 동굴'에 조각된 시바의 모습과 비슷한 형태로
세워졌다고 한다.

그로테스크한 인도 예술의 열정
통합, 생동감, 무한, 해방을 위한 예술

어떤 예술가들은 인도 예술의 이미지를 표현할 때 많은 팔을 가지고 있다는 점을 그 특징으로 말한다. 그리고 이것은 인도 예술의 독특함으로 다루어진다. 3세기 이후 인도의 조각들은 예술적 가치를 지니게 된다. 예술적 가치 면에서 많은 머리와 많은 팔을 가진 남신과 여신, 동물 등의 현상은 단순한 힘의 표현일 뿐 미에 대한 요구는 없었던 것처럼 보인다. 그리고 이러한 이미지는 빈번히 소름 끼치고 '그로테스크'하다고 말하곤 한다. 동물의 머리와 많은 팔을 간직한 여신은 소름 끼치는 이미지로 인해 예술적으로 적절하지 않다는 것이다.

코끼리 머리를 가진 지혜의 신 가네샤

　그로테스크한 인도 예술의 이미지는 분명 가치를 주장하기에는 치명적이다. 세련된 서양 예술에 길들여져 있는 우리로서는 무엇보다도 먼저 인도 예

네 개의 머리를 가진 창조의 신 브라마　　　　여덟 개의 팔을 가진 두르가 여신

술에 대한 부정적 이미지를 극복하는 것이 우선일 것이다. 이러한 자세는 우리에게 또 다른 세계의 예술성을 이해하는 데 도움을 준다.

　레오나르도 다빈치는 인도 예술의 가치를 '열정'의 표현에 있다고 칭찬한 바 있다. 흔히 예술 작업은 살아 있는 것들의 운동과 함께 정신의 리듬을 혼합한다. 그래서 예술 작업은 통합, 생동감, 무한, 그리고 해방의 네 가지 조건을 포함한다고 주장한다. 즉, 예술이란 즉각적인 주제를 표현한다기보다는 비록 한정적일지라도 깊은 느낌의 모티프를 표현해야 한다는 것이다.

　하나의 위대한 종교에 헌신한 인도 예술은 종교적이다. 비록 인도 예술이 종교적이라고 할지라도 힌두 미술 또는 불교 미술 같은 것들은 없다. 오히려 힌두와 불교를 주제로 일어난 인도 예술이라고 말하는 것이 더 정확할 것이다. 인도 예술의 종교적 본질은 본질 속의 상징과 추상 속의 본질을 중요하게 고려하기 때문에 예술의 원료는 마음의 내적 세계를 중시한다. 인도 초상화에서 보듯이 인도 예술은 육체적 아름다움의 가능성을 표현하기보다는 인간 윤곽 뒤에 숨어 있는 이상적인 개인을 강조하여 그렸다. 이러한 예술 스타일이 존재할 수 있었던 것은 적어도 역사 이후부터 전개된 지리적 통합과 무관하지 않다. 광대한 지역을 통합하기 위해서는 무엇보다도 다양한 문화적 통합이 필수적이었다. 그러므로 한 지역에서 발전한 예술 문화는 다른 지역으로 빠르게 반영되었다. 인도 예술은 광범위하게 대륙으로 퍼졌고, 오랫동안 남아 있는 역사를 이루었다고 볼 수 있다.

또한 지리적 상황 때문에 인도 대륙은 서구와 중앙아시아로부터도 예술적 영향을 받아들일 수 있었다. 인도의 예술가들은 외국의 영향을 받아들이는 데 있어 그들 자신의 본능에 따라 변화시키는 능력을 보여주었다. 그 과정은

히란야카시푸의 죽음 (엘로라 8세기).
히란야카시푸는 어떠한 무기로도 해를 입지 않는 몸을 가짐으로써 하늘과 땅을 혼란시킨 악마였다. 비슈누 신의 열 가지 화신 가운데서 네 번째 화신인 나라싱하(사자인간)가 악마 히란야카시푸를 물리치고 있다.

누르 자한 초상화(1685~1690).
라자스탄 양식의 무굴제국 세밀화.
인도 국립현대미술관 소장.
누르 자한은 자한기르 왕의 아내로 절세
의 미인이었다고 한다. 자한기르가 말년
에 음주와 환락에 빠지자 왕을 대신하여
정치력을 행사하기도 한 여성이다. 이
초상화는 활 모양의 눈썹, 오똑한 콧날
등을 이상화하여 여성미의 완벽한 이미
지를 재현하고 있다. 이는 라자스탄 양
식의 새로운 형식을 보여준다.

마우리아Maurya 왕조(BC 317~BC 180, 인도 최초의 고대 통일 왕조), 쿠샨 Kushan 왕조(기원
전후 5세기 왕조)가 북인도의 제국적 우월성을 획득했던 시대, 그리고 16세기 무
굴제국이 건축과 그림에 있어 새로운 학파를 후원했던 시대에 발생했다. 한
편, 이러한 외부 문화의 영향만큼 인도 예술은 해외에 전파되었다. 특별히
스리랑카와 남아시아 대륙에 인도의 문화가 전해졌다. 그렇게 해서 스리랑
카, 미얀마, 태국, 인도네시아, 인도차이나에서 인도 문화의 발전이 촉진되었
다. 인도 문화의 의의는 바로 여기에서 찾을 수 있다. 인간의 정신세계를 이
끌어나간 선각자로서의 역할을 담당했던 것이다.

수리야가 이끄는 마차, 태양사원
거대한 상상력을 마침내 지상에 건축하다

인도의 동쪽 끝 벵골 만에 위치한 코나락 Konarak에는 아름답고 화려한 힌두 사원이 태양의 빛을 받으며 서 있다. 이 사원은 오디샤 Odisha의 가장 유명한 사원인 '태양사원'이다. 인도 여행을 할 때 빼놓을 수 없는 곳 중의 하나가 바로 이곳이다. 이 태양사원을 보고 나면 인도와 인도인에 대한 모든 궁금증이 한꺼번에 풀리는 듯한 느낌을 전해 받는다. 과연 인도에서 신을 믿는다는 것이 무엇인지와 인도인들에게 종교가 어떤 의미인지를 이해하게 되는 것이다. 어느 누구도 이 사원이 얼마나 오래되었는지, 누가 그것을 세웠는지, 왜 세웠는지에 대해서는 정확히 확신할 수 없다. 그곳의 역사는

태양사원 전경

오디샤 주 코나락에 위치한 태양사원(13세기 중반).
사원의 하단에는 24개의 마차 바퀴가 있어 사원을 옮기는 수레를 형상화하고 있다.

신화와 전설로 전해져 올 뿐이다.

이 화려한 태양사원은 강가Ganga 왕조(1238~1264) 때 세워졌다고 추정되는
데, 태양의 신 수리야를 숭배하기 위한 힌두 사원이다. 고대의 전설에 따르
면, 크리슈나 왕의 잘생긴 아들 삼바는 성자 나라다를 무시하는 실수를 저지
른다. 복수를 결심한 나라다는 궁전의 여인들이 목욕하는 금지된 장소를 엿
보도록 삼바를 유인한다. 크리슈나 왕이 이 사실을 알았을 때 그는 아들에게
저주의 말을 퍼부었고, 이 젊은 왕자는 피부가 손상되는 형벌을 받았다. 이후
삼바는 그의 순수성을 주장하면서 이를 증명하게 되고, 크리슈나 왕은 자신
의 경솔함을 후회하면서 그의 아들이 찬드라반가 강에서 목욕을 하도록 권한
다. 삼바의 병이 치료되었을 때쯤 왕은 태양의 신 수리야의 영광 속에서 이
사원을 세웠다고 전해진다. 이로써 태양의 신 수리야는 피부병의 치료사로서

태양사원의 하단에는 24개의 마차 바퀴가 있는데, 그 지름의 크기는 거의 3미터에 이른다. 한 쪽 면의 12개 마차 바퀴는 1년의 열두 달을 의미한다.

숭배되고 있다.

힌두 신화에서 태양의 신 수리야는 7마리 말이 이끄는 마차를 타고 하늘을 가로질러 달린다. 이 상상 속 이야기는 스케치북이 아닌 지상에 형상화되었다. 인도인들의 거대한 상상력이 마침내 지상에 건축된 것이다. 무엇보다도 이 사원은 과학적 토대를 근거로 세워졌다는 데에 더 큰 의미가 있다.

태양사원의 하단에는 24개의 마차 바퀴가 있는데, 그 지름의 크기는 거의 3미터에 이른다. 한 쪽 면의 12개 마차 바퀴는 1년의 열두 달을 의미한다. 한편, 상단에는 태양의 신 수리야가 동해의 빛을 가득히 받으며 말 위에 앉아서 하늘을 날아오를 듯한 기상을 보여준다. 전체 사원은 30미터 높이의 피라미드 지붕으로 이루어진 기념비적 크기를 자랑하고 있다. 인도인들의 정신적 열망을 하늘로 날아오를 듯한 마차의 이미지로 상징화한 이 사원은 13세기 건축물을 대표하는 인도에서 가장 큰 사원이다.

이 사원을 건설하게 된 동기는 당시 왕궁에서의 삶과 시간을 영광스럽게

태양사원 벽면에 조각된 춤추는 무희들. 무희들의 춤은 오디시 춤 동작을 보여준다. 음악과 춤을 통해 인도인들의 낙천적 삶의 모습을 엿볼 수 있다.

장식하기 위한 것이라고 한다. 오늘날 유네스코에 의해 등록된 세계문화유산답게 이 태양사원 둘레를 따라 걷고 있으면, 우선 그것의 복잡한 조각상과 크기에 깜짝 놀라게 된다. 조각상들은 화려하고 다양하며 자극적이다. 카주라호 사원에서 보는 에로틱 성애 장면보다도 더 노골적인 성애 장면이 6미터 높이의 크기를 자랑하며 거대하게 장식되어 있다. 사원 둘레를 천천히 걸으면서 느끼게 되는 강한 인상은 마음에 오래도록 새겨진다.

전체 사원 앞에 세워진 무도회장의 벽면에도 아름다운 조각들이 장식되어 있다. 그것의 벽면에는 음악가들과 무희들, 그리고 12세기 오디시Odissi 춤을 재현해놓았다. 음악가들은 노래하고, 무희들은 흥겨움에 겨워 춤을 추고, 귀족들은 사냥을 하는 장면들이 화려하게 장식되어 있다.

이 사원을 장식하고 있는 무희들의 조각상은 인도 전통 춤의 형태를 보여준다. 인도 전통 무용은 타밀 나두의 바라트 나티얌 Bharat Natyam, 케랄라의 카타칼리Kathakali와 모하니야탐 Mohiniyatham, 오디샤의 오디시Odissi, 우타르 프라데시의 카탁 Kathak, 안드라 프라데시의 쿠치푸디Kuchipudi 등이 있다. 가장 오래된 전통적 춤은 바라티 나티얌으로 이것은 남인도에서 발달한 것으로 외래의 영향을 받지 않은 순순한 인도 전통 춤의 형태를 보여준다. 한편, 오디시와 모히니야탐, 쿠치푸디 등은 바라타 나디얌의 변형이라 할 수 있다. 코나락의 태양사원에서 보이는 무희들의 춤은 오디시 춤의 동작들이다. 이것은 비슈누의 여덟 번째 화신인 크리슈나 왕에 대한 사랑과 헌신을 위한 것이다. 반면, 카탁은 종교 의식의 춤이라기보다는 궁중 무용으로 변화된 대표적 인도 무용이다. 무슬림 춤과 혼합된 이 춤은 다른 인도 전통춤과는 또 다른 매력을 보여준다.

16세기 무굴 연대기 학자의 기록에 의하면, 이 거대한 태양사원은 무려 28개나 존재했었다고 기록하고 있다. 그러나 지금은 단지 이 하나의 사원만이 남아 있다. 하지만 이 하나만으로도 그들의 상상력과 힘을 느낄 수 있는 곳이다.

사원에 앉아 기도를 하고 있으면 마차는 거대한 사원을 들어 올려서 하늘로 향해 올라가버릴 듯하다. 높이높이 날아서 인도인들은 어디로 가고자 했을까. 아마도 현세의 모든 고통을 털어내고 자유로운 인간으로 살아갈 세상을 꿈꾼 것은 아니었을까.

인도 경제의 심장, 뭄바이
영국 제국주의가 만들어놓은 식민 역사의 현장

    인도와 영국의 관계를 이야기할 때 나는 항상 모순된 감정 속에서 헤매곤한다. 그래서 제대로 된 시각과 비판을 갖기 어려워진다. 인도의 지식층 또한이중적 태도를 취했다. 그들 또한 지독한 자기 모순 속에 있었다. 이러한 모순은 인도만의 문제가 아니다. 이것은 바로 우리 자신의 문제이기도 하다. 서양 세력이 만들어놓은 엄청난 변화와 발전. 그것은 의식구조를 바꾸어놓는일대 지각변동이었다. 물적 토대의 발전은 의식에도 많은 영향을 미치는 것이 사실이다. 이러한 변화는 전통적 삶을 해체하고 현대적 삶을 심어놓았다. 인도들이 취하는 영국 식민주의에 대한 비판은 결국 자기 정체성과의 싸움임을 보여준다.

    영국 제국주의가 만들어놓은 식민 역사의 현장은 뭄바이Mumbai(또는 봄베이)에서 느낄 수 있다. 인도 경제의 심장이 살아 숨 쉬는 곳. 무엇보다 이곳은영국 식민지 시대에 세워진 영국식 고풍 건물과 깨끗한 거리로 유명하다. 하지만 이곳에는 세계에서 가장 비참한 슬럼 지역도 존재할 정도로 그 극단의모습을 보여주는 곳이다.

    서양 기자들은 인도의 슬럼에 대해 비난의 화살을 보내지만, 이것은 다분

인디아 게이트(1905년). 이 문을 통해 영국은 꼬리를 내리며 서서히 인도로부터 물러났다.

히 정치적 의도를 포함하고 있다. 사실 세계 강국인 미국에서도 슬럼의 비참함이란 이루 말할 수 없지 않은가. 이것은 인도만의 문제가 아니다. 어느 나라나 가난의 문제는 있다. 그것을 바라보고 해결하려는 내부의 문제일 것이다. 이 문제에 있어 인도인들은 미국인늘과 마찬가지로 상당히, 아주 철저히 개인적이다. 나와 관련되지 않는 것에 대해서는 철저히 외면하는 사고방식. 부와 가난에 대한 극단적 개인주의 사고방식. 그것이 보여주는 모습이 어떤 것인지를 우리는 뭄바이에서 확인해볼 수 있다.

　무엇보다도 개인주의의 가장 커다란 병폐는 물질적 차이에 대한 냉정한 무관심이다. 이러한 무관심이 만들어놓은 빈부 격차의 해결 없이 진정한 인간적 평등을 이룰 수 없음은 너무나 당연하다. 부자와 가난한 자의 극치점을 볼 수 있는 뭄바이는 세계의 모순을 단적으로 보여준다.

　뭄바이 시내 중심가에서 먼저 눈에 들어오는 것은 2층 버스다. 흥미로운 점은 인도 어느 지역에서나 볼 수 있는 릭샤(인도만의 교통수단을 상징하는 삼륜 오토바이)가 없다는 것이다. 그것은 뭄바이의 경제 성장과 관련된다. 한 마디로 뭄바이는 세계 무역과 비즈니스의 중심지로서 국제도시임을 자랑하며, 21세기 최첨단 인도의 모습을 보여준다.

고층 건물들 사이를 누비며 인도 경제를 뒤흔드는 인도의 비즈니스맨들과 인텔리들은 우리의 상상을 초월할 정도로 두뇌 회전이 빠르고 외국인을 대하는 매너가 철저히 계산되어 있는 세련됨을 보여준다. 그들은 우리보다도 훨씬 일찍 서양 세력과 조우했기 때문에 서로를 알고 있다. 그에 비해 우리는 이제 세계를 알아 나가고 있는 셈이다.

뭄바이의 가장 큰 정신의 상징은 타지마할 호텔이다. 이것은 영국에 대항하여 인도의 민족적 자존심을 살려준 상징적 건물이다. 이 호텔을 세운 타타 J. N. Tata(1839~1904)는 그 당시 인도의 산업화를 이끌었던 자본가였는데, 그가

아라비아 해를 바라보고 있는 타지마할 호텔.
인도의 민족적 자존심을 상징하는 건물로 인도 자본가 타타에 의해 1903년에 건설되었다. 2008년에는 무장 테러리스트들로부터 테러를 당하기도 했다.

뭄바이 빅토리아 역의 외관. 이 고딕 건축물은 영국인에 의해 디자인되었으며, 1887년에 완공되었다.

영국을 방문했을 때 그의 피부색을 문제 삼아 영국의 모든 호텔이 그의 출입을 거절했다고 한다. 이에 감정적 자극을 받은 타타는 인도에 들어오자마자 호텔을 건설하게 되는데, 그것이 바로 1903년에 세워진 타지마할 호텔이다. 세계적으로 유명한 이 호텔은 지금도 인도인들만 손님으로 받아들이는 시스템을 고수하고 있다.

영국인의 철저한 분리 정책은 결국 인도인의 민족주의를 자극했고, 인도는 당시 제국주의에 신음하고 있는 식민지 민족에게 하나의 정신적 기둥이 되었다. 결국 감정적 대응이 역사적인 한 상징을 만든 계기가 된 셈이다. 우리의 민족주의 운동도 결국 인도의 민족주의에 영향을 받았음을 생각해볼 때, 우리는 인도인에게 일정 정도 부채 의식을 느껴야 할 것 같다.

또 하나 인상적인 곳은 뭄바이 대학이다. 이 대학은 1860년과 1870년대에 길버트 스코트에 의해 프랑스식 고딕 양식으로 세워졌다. 대학 안의 시계탑과 도서관은 1878년에 완성되었는데, 이 시계탑은 전체 구조 중에서 가장 뛰어난 위용을 보여준다. 여기에서 우리는 이미 19세기에 서양식 대학 교육을 시작한 인도의 교육정책을 살펴볼 수 있다. 타의에 의한 선택이었다고 할지라도 오늘날 인도의 지성은 바로 이러한 역사적 배경 속에서 설명된다.

인도의 지식층은 영국으로 인해 훨씬 빠른 시기에 영어와 서양식 사고방식을 받아들였고, 후에 이것은 반대 급부로 영국에 대항할 수 있는 힘을 형성했다. 그것은 인도 민족운동에 엄청난 영향을 끼쳤다. 인도 지성인의 역사는 엄청난 자기 정체성과의 싸움을 통해 이루어진 강고한 의식 체계를 가지고 있는 것이다. 세계적으로 유명한 인도 학자들은 이러한 전통 속에서 자신의 이론을 펼쳐 나가고 있다.

아직도 영국 식민지 시대의 건축물을 볼 수 있는 뭄바이는 인도 경제의 심장답게 세계의 비즈니스맨들이 모여 엄청난 거래를 이끌고 있는 곳이기도 하다. 누가 인도를 약하다고 하는가. 누가 인도를 가난하다고 하는가. 누가 인도인을 무시하는가. 인도와 인도인에 대해 가지고 있는 우리의 좁은 사고가 안타까울 뿐이다.

다음 목적지로 이동하기 위해 인도 철도회사의 심장으로 기능하는 빅토리아 Victoria 역으로 달려갔다. 인도의 거대한 철도산업을 생각한다면 우리는 다시 한 번 놀랄 수밖에 없다. 이 거대한 역은 1887년에 완공되었고, 34년 후 첫 기차가 이 역에서 출발했다. 물론 이 철도의 기능은 일본이 우리에게 가한 식민 수탈 과정과 유사하다. 철도 건설을 통한 곡물과 원료의 유출이라는 부정적 이미지에도 불구하고 어쨌든 이 철도산업은 인도 대륙을 이어주는 거대한 핏줄 역할을 하고 있다.

이제 뭄바이에서 배로 11킬로미터 떨어져 있는 엘레펀트 동굴로 향한다. '머리 셋 달린 시바 상'을 비롯하여 거대한 조각상들이 압도하는 이 사원은 인상적인 볼거리로 가득하여 유네스코 세계문화유산으로 등재되었다.

450~750년 사이에 조성된 엘레펀트 동굴 입
구의 거대한 조각상

엘로라 29번 힌두 동굴의 시바 상과 비슷한
형태의 시바 상

544cm의 거대한 부조로 된 머리 셋 달린 시바 상. 힌두 조각의 최고 걸작으로 파괴자, 창조자,
보호자로서의 모습을 다 담아내고 있다.

포르투갈이 인도에 남긴 흔적
430년간 포르투갈 식민지, 고아의 역사

고아Goa는 아주 독특한 역사를 간직하고 있는 곳이다. 영국 영토로 남아 있던 홍콩이 1997년 중국으로 반환되는 역사적 사건이 있었다. 고아의 역사도 바로 이와 같은 식민주의의 종식을 알리는 하나의 사건이었다.

인도에서 고아의 역사는 포르투갈과 관련된다. 하지만 역사적 배경을 모른다면 고아는 단지 인도에서 가장 아름다운 휴양지일 뿐이다. 고아는 인도 서남 해안에 위치한 인도 최대의 휴양지다. 끝없이 계속되는 해안, 무성한 야자나무 군단, 강렬한 태양과 부드러운 모래사장, 아라비아 수평선에서 춤

다섯 명의 신부와 순교
(아시스의 성 프란시스 성당과 교회 박물관 소장, 13세기)

1360년 신부의 순교
(아시의 성 프란시스 성당과 교회 박물관 소장, 16세기)

고아는 500여 년간 포르투갈 식민지로 있으면서 종교와 여성의 삶에서 많은 변화를 겪었다. 주민 대부분은 로마 가톨릭을 믿으며, 여성은 법률적으로 남성과 동등한 권리를 누린다.

추듯 넘실대는 붉은 석양 등 아름다운 자연환경 때문에 항상 여행자의 발길이 끊이지 않는 곳. '인도의 보석'이라고 불릴 정도로 고아는 인도이면서 인도가 아닌 독특한 분위기를 가지고 있다.

고아는 430년 동안 포르투갈의 식민지였다. 포르투갈의 인도 지배, 즉 서양의 동양 지배 역사의 첫 출발점은 16세기로 거슬러 올라간다. 16세기는 세계 역사의 지각 변동을 가져왔던 지리상의 발견으로 더욱 유명하다. 새로운 과학과 지리적 지식을 이용함으로써 스페인의 콜럼버스가 1492년 아메리카 대륙을 발견했다면, 1498년 포르투갈 장교 바스코 다 가마는 인도 항로를 발견한다. 그는 인도 서남 해안 캘리커트Calicut에 도달했다.

1503년 포르투갈은 코친에 첫 항구를 개항하면서 향료 무역을 통해 상업적 이익을 획득하게 된다. 그리고 상업적 이익의 안정적 확보를 위해 제2대 총독인 알부케르케는 포르투갈 함대의 우수한 군사력을 바탕으로 1510년 고아를 점령함으로써 서양의 동양 지배를 시작한다. 마침내 1530년 고아는 포

올드 고아(Old Goa)의 봄 지저스(Bom Jesus) 성당.
과거 포르투갈 식민지 유물을 살펴볼 수 있는 역사적 장소이다. 1594년에 시작하여 1605년에 완성되었다.
성당 내부에는 프란시스 자비에르(Francis Xavier) 신부의 시신이 안치되어 있다. 그는 1541년에 인도를 방문하
여 5년 동안 선교 활동을 펼쳤고, 다시 중국으로 건너가 5년을 보냈으나 그곳에서 숨을 거두었다. 이때 그의
시신이 썩지 않은 채 발견되어 기적을 만든 인물로 알려져 있다.

올드 고아에서 가장 크고 유명한 세(se) 성당.
1562년에 시작하여 1619년에 완성되었다. 탑에 종이 남아 있어
골든벨 성당이라고 불린다. 포르투갈 고딕 양식의 성당으로 외관은
토스카나식이고, 내부는 코린트식이 혼합된 대성당이다.

산타 모니카(Santa Monica) 성당.
1627년 완성되었다가 9년 후 불에 타 재건축된 건물이다. 과거에
는 왕립수녀원으로 알려진 곳으로 포르투갈 국가의 식민지적 정책
을 수행했다.

르투갈 인도의 공식적 수도가 되었다. 1500년 이상 평화로운 무역지대였던 아라비아 해는 포르투갈의 등장으로 일시에 변화의 소용돌이를 맞이했던 것이다.

서양의 동양 지배는 종교적 측면에서 강화되었다. 포르투갈의 종교정책은 억압적이었다. 이교도들의 사원과 건물은 허락되지 않았고, 1540년 대부분 힌두 사원은 철거되었다. 그리고 그 자리에 포르투갈 양식의 교회와 성당이 세워졌다. 이러한 비포용적 종교정책의 최종 목표는 포르투갈 혈통을 가진 주민을 양성하여 원주민들에게 가톨릭 문화를 주입시키려는 것이었다. 이것은 새로운 고아인Luso-Indian을 탄생시키는 배경이 되었다.

17세기 여행자들은 한결같이 고아의 변화된 모습을 그리고 있다. 여행자들은 종종 교외로 외출 중이던 포르투갈 여성들을 만나곤 했는데, 원주민 남편의 질투로 인해 여행자가 그 여성들에게 말을 건다는 것은 불가능했다고 기록하고 있다. 이러한 자료들은 원주민과 결혼한 포르투갈 여성들의 존재와 위치를 드러내준다.

무엇보다도 인도에 존재했던 포르투갈 여성들은 언어, 법, 종교, 관습, 패

션, 음식 등 문화적 측면에서 원주민 사회에 엄청난 변화를 몰고 왔다. 가장 중요한 변화 가운데 하나는 결혼한 여성에게 부부 재산의 50퍼센트를 보장해주는 재산법이 법률로 제정되었다는 것이다. 이 지역 여성은 다른 인도 지역에 비해 법률적으로 상당히 혁신적인 여성에 대한 지위와 권리를 누린다. 분명 이러한 변화는 서양 세력에 의해 변화된 문화의 양상이라고 할 수 있을 것이다.

올드 고아의 카제탄(Cajetan) 성당

1961년 고아는 포르투갈 식민 지배로부터 독립하여 연합 영토에 남아 있다가 비로소 1987년 인도로 편입되었다. 기나긴 식민 지배의 종식이었다. 하지만 포르투갈이 남긴 흔적들은 서구 가치의 진정한 의미가 무엇인지를 다시 한 번 생각하게 만든다.

고아 북쪽 지역에 위치한 판짐(Panjim)의 성당

영국의 철저한 분리정책이 인도의 민족주의에 기여했다면, 포르투갈의 동화정책은 독특한 인도 문화를 창출했다. 두 정책 모두 자국 문화의 우월성에 기인했다. 이러한 역사적 배경은 서양의 철저한 우월성에 대한 제국주의적 시각과 자신의 문화를 보호하기 위한 인도의 철저한 민족주의적 시각이라는 세계사의 뚜렷한 두 정견을 탄생시켰다.

고아는 가톨릭의 배타성과 힌두의 수용성, 그것이 빚어낸 오늘날 인도의 모습을 보여주는 곳이다. 이 역사적 상처를 바라보며 타인에 대한 존중 없는

고아에서 맞이한 홀리 축제. 이 날은 색색깔의 물감으로 얼굴과 몸을 장식한다.

그 어떤 종교나 이념도 휴머니즘이라는 이름으로 대체될 수 없음을 확인하게
된다. 하물며 타민족의 역사야 말할 것도 없는 것이다. 먼저 있는 그대로를
보라. 그리고 이해하라. 어려운 일이다. 현실은 지배하지 않으면 지배당하지
않는가.

　홀리Holi는 여름의 시작을 알리는 축제다. 디왈리와 함께 겨울이 시작된다
면 홀리와 함께 여름이 시작된다. 이 명절에는 모든 카스트가 해방을 맛본다.
한 마디로 인도인들에게는 1년에 한 번밖에 없는 해방의 날인 셈이다. 해방
의 날을 기리기 위해 그들은 흰옷을 입고 색색깔의 물감으로 얼굴과 몸을 장
식한다. 항상 해방의 날은 기쁨으로 들뜬다.

하이데라바드 블루스
골콘다 포트와 아우랑제브의 승리

최근 인도 영화 중에서 젊은 엘리트층으로부터 많은 공감을 받은 영화가 〈하이데라바드 블루스〉라는 작품이다. 이 영화는 미국에서 공부를 마치고 돌아온 인도 청년이 고국으로 돌아와 겪는 갈등을 그린 영화이다.

오늘날 많은 인도 엘리트들은 심각한 정체성의 위기를 겪고 있다. 그들 대부분은 미국 유학을 꿈꾸고 있다. 이러한 꿈은 소수의 부유층 자녀에게만 가능한 일이지 중산층 젊은이에게는 힘겨운 현실이다. 하지만 분명 이들의 꿈은 '아메리칸 드림'이다.

인도 역사를 함께 배웠던 니마는 미국에서 온 여학생이다. 하지만 그녀는 외국인이면서 외국인은 아니다. 그녀는 인도에서 태어나 다섯 살에 부모님을 따라 미국에 갔고, 자기의 정체성을 찾아 인도 역사를 배우기 위해 다시 인도로 왔다고 말해주었다.

"나의 정체성은 반반이다. 하지만 나는 미국인보다 인도인을 이해하기가 더 힘들어."

내가 보기에도 그녀의 태도와 정신은 거의 미국인이나 다름없었다. 무엇보다도 그녀가 인도 학생들에게 보여주는 자유주의 사고방식의 우월성과 자

하이데라바드 중심가에 위치한 이 사라센 양식의 건축물은 지금은 병원으로 이용되고 있다.

신감은 굉장한 것이었다. 어쨌든 아메리칸드림에 빠져 있는 인도 엘리트들은 유학을 마치고 돌아온 젊은이들(대부분의 인도 젊은이들은 미국에 그대로 머무른다)과 또 다른 갈등을 겪게 된다. 한 마디로 밖에서 보면 내 문제가 객관적으로 보이는 것이다. 우물 안에서야 초록이 동색이니 무슨 문제가 보이겠는가. 하시만 우물 밖에서 다른 문화와 비교해 보면 비로소 우리의 문제가 보이기 시작한다. 이 영화는 여기에 초점을 맞춘다. 물론 인도 내에서는 너무나 서구적 관점이라는 비판도 있었지만, 이 영화는 많은 인도 젊은 엘리트층으로부터 공감을 불러일으켰다.

　하이데라바드Hyderabad를 남인도 여행의 출발점으로 삼았다. 이곳은 인도에서 가장 가난하고 가장 늦게 발전된 높은 데칸 고원에 위치한 주이다. 하지만 이 가난한 주의 마지막 통치자는 역설적으로 세계에서 가장 부자로 명성이 자자했었다고 한다. 이 지역은 골콘다 포트를 포함해 무슬림 전성기의 유물들을 많이 볼 수 있는 곳이다.

위대한 무굴 황제 아우랑제브는 17세기에 강력한 정복 사업을 펼치는데, 비자푸르Bijapur를 정복한 후 그는 데칸의 마지막 독립 왕국인 골콘다Golconda를 향해 움직였다. 이어 무굴 군대는 하이데라바드 도시를 차지했다. 당시 정복 사업의 과정에서 나타난 기록에는 2만 명이나 되는 매춘부가 있었다는 기록이 있다. 이것으로 짐작해보더라도 그 당시의 정복 사업이 얼마나 치열했는지를 알 수 있다.

16세기와 17세기 강력한 무슬림 통치를 보여주는 골콘다 포트

골콘다는 삼중 벽으로 둘러싸여 있는데, 이것은 남인도에서 가장 잘 방어된 성벽으로 유명하다. 아우랑제브의 공격에 맞서 골콘다는 거의 9개월 동안 저항했지만, 마침내 1687년 무굴

골콘다는 삼중의 방어벽으로 둘러싸여 있었지만, 아우랑제브의 공격에 의해 함락되었다.

제국에 함락되었다. 이 전쟁은 거의 남인도 전체를 아우랑제브의 세력 아래로 묶어놓는 계기가 되었다. 이제 무굴 제국은 거의 전 인도 대륙을 지배하게 되었다. 이것은 인도의 전역을 통치해온 아소카 대왕 이후에 처음 있는 일이었다. 골콘다의 몰락은 아우랑제브를 위대한 군주로 위치시킨 하나의 사건이었다.

잊혀진 과거로의 시간여행
승리의 도시, 비자야나가르

과거의 신화와 전설이 의심스럽고, 현재는 견딜 수 없을 정도로 고통스럽고, 미래는 영원히 풀지 못할 수수께끼라고 생각하는 사람들에게 하나의 충격으로 다가오는 곳이 있다. 이곳으로의 여행은 잊혀진 과거로의 시간 여행이 될 것이며, 그것은 또한 현재의 회복과 미래에의 꿈을 보여주는 결코 잊을 수 없는 환상이 된다. 함피Hampi(또는 비자야나가르Vijayanagara)는 모든 인도 여행자들에게 가장 잊지 못할 환상으로의 여행이다.

인도는 처음에 힌두의 나라였다. 하지만 세월의 흐름과 함께 이민족들의 문화가 섞이면서 대부분의 힌두 문화는 사라지거나 축소되어 일부분만이 전해질 뿐이다. 무엇보다도 첫 번째 밀레니엄과 함께 시작된 무슬림의 침입은 많은 힌두 유적지를 폐허로 만들었다. 함피는 이러한 역사적 배경 속에서 힌두 문화의 자취를 간직하고 있는 가장 큰 유적지이

비슈누의 현신 사자인간 나라싱하(1509~1529)

힌두 문화를 간직하고 있는 함피 유적지

다. 거대한 크기의 바위산이 끝없이 펼쳐져 있는 이 폐허의 땅은 힌두 문화가 어느 정도로 인도 대륙을 지배했었는지를 상상하게 만든다. 이 폐허의 한복판에 서면 역사가 주는 거대한 시간성과 그 시간성이 만들어낸 공간성을 한눈에 느낄 수 있다.

무슬림 왕조가 흥망성쇠를 이루던 시절, 남쪽 고원에 세워진 비자야나가르 힌두 왕국은 '승리의 도시'를 의미했다. 엄청난 바위 성채에 둘러싸여진 비자야나가르는 1336년부터 1565년까지 번성했던 힌두 제국의 수도였다. 이 기간 동안에 이 도시는 당시 아시아에서 가장 부유하고 큰 도시 중의 하나였다. 이 왕조는 무슬림의 침입을 막아내면서 남인도의 지배권을 장악했다. 이 왕국을 세운 사람은 하리하라와 부카라는 두 형제였다. 원래 이들은 무슬림 군대에 패한 힌두 죄수들이었다. 처음에 그들은 이슬람교로 개종함으로써 무슬림 왕조의 신임을 얻었다. 그때 남쪽 지역에서 힌두들의 반란이 일어나자 이를 진압하러 나갔다가 이 두 형제는 자신들의 왕국을 세운다. 무슬림 귀족과의 갈등이 그들에게 독립을 선포하게 만들었던 것이다. 독립과 함께 그들은 다시 힌두교로 복귀했고, 이곳에 거대한 힌두 사원들을 건설했다.

비자야나가르 왕국은 힌두교에서 정통으로 숭배했던 비슈누와 시바 신을 숭배했다. 또 브라만 계급은 특권을 누렸으며, 정통 힌두 의식이 행해진 만큼 죽은 남편의 장작더미에 그들의 미망인을 태우는 사티 풍습이 광범위하게 실행되기도 했다. 한 사원에 새겨진 조각상들을 통해서는 매춘이 신성시되었음을 살펴볼 수 있다. 매춘의 신성시에 대한 배경은 군대와 연관할 수 있을 것 같다. 주위의 무슬림 세력에 의한 끊임없는 공격은 군인의 증가와 함께 매춘의 정당화를 이끌었을 것이다. 그리고 이것은 내부의 부패와 타락을 이끄는 결정적 원인이 된다. 결국 이 제국은 1565년에 타리코타 전투에서 패배함으로써 순식간에 붕괴하고 말았다. 이후 이 지역은 술탄 왕조라는 무슬림의 지배를 받게 되면서 200여 년간의 화려한 통치에 종말을 맞았다.

이 왕국의 최전성기에는 50만 명의 주민들이 이곳에 살았다고 전해지는데, 도시는 대리석 궁전, 목욕탕, 시장, 그리고 많은 사원들이 있었다. 당시 비자야나가르를 방문했던 이탈리아, 페르시아, 포르투갈, 러시아 등의 외국인들은 이 지역을 보고 압도당했다고 전해진다. 이 시대는 힌두 왕조의 르네상스라고 불릴 정도로 엄청난 매력과 놀라움을 가지고 있었다. 그래서 힌두 문화란 과연 무엇인지를 궁금해 하는 이방인들에게 이곳이야말로 낯선 힌두

함피 유적지 내의 코끼리 축사(15세기)

여왕이 이용했다는 목욕탕 (15세기)

함피 유적지 내의 비탈라(Vitthala) 힌두 사원(1509~1529)

문화의 정체를 그대로 확인해볼 수 있는 곳이기도 하다. 지금도 당시의 화려했던 도시의 흔적이 곳곳에 남아 있는데, 그 광대함과 잊을 수 없는 매력은 타임머신을 타고 과거로 돌아간 느낌을 전해주어 아주 특별한 여행을 만들어준다.

무엇보다도 이 거대한 폐허의 유적지를 보고 나면 그 제국이 어떻게 붕괴했을까 하는 의문에 사로잡히게 된다. 그 위용이 대단하기 때문이다. 외부의 침입이라기보다는 내부의 부패와 타락을 꼬집는 경우가 많다. 그들이 매춘을 신성시한 것만 봐도 하나의 단서가 되고 있다. 언제나 역사의 끝은 도덕적 파탄과 함께 초래되는 내부 구조의 약화였고, 이것은 외부의 침입을 초래하는 원인이 되기도 했다. 모든 역사의 수수께끼가 흥망성쇠의 이야기에서 비롯된다고 볼 때, 이 폐허의 터전은 또 다른 역사적 상상력을 불러일으키는 중요한 유적지가 된다. 나와 다른 역사의 흥망성쇠이지만, 그것은 또한 우리

힌두 사원을 장식하는 조각상들은 전쟁, 무희와 악사 등을 새겨 넣었다.

한두 최대 유적지 함피(또는 비자야나가르) 폐허 전경

의 모습을 상상하게 만들기도 한다. 누군가의 삶을 통해 우리 자신을 보듯이 우리는 모든 이 지상에 살았던, 아니면 지금 살고 있거나, 아니면 미래에 살 게 될 인간이라는 보편성을 가진 존재인 것이다.

거대한 폐허의 신전에서 뭔가 열심히 쓰고 있는 한 서양 여행객이 보인다. 이 폐허의 유적지에서 그녀는 무엇을 상상하고 있는가. 누구에게 이 웅장한 역사의 상상력을 전해주고 있는가. 나 역시 어느 한 신전 기둥에 기대어 편지를 쓰고 싶다. 누구에겐가 이 거대함이 있음을 알려주고 싶다. 사진으로는 다 담을 수 없는 전경을 글로 표현하고 싶다. 하지만 입속으로 맴도는 말은 '여기는 함피야……'

가장 인도다운 인도
남인도 최고의 유적지, 마말라푸람

남인도는 이민족의 침입을 덜 받음으로써 고대 힌두 유적지가 많이 남아 있는 곳이다. 남인도의 대표 지역인 타밀 나두 Tamil Nadu는 가장 '인도다운 인도'로 설명되곤 한다. 힌두 건축물들은 다양한 색채를 가지고 독특한 양식을 자랑하는 반면, 이슬람 건축물은 거의 없다. 단지 몇 개의 영국 건축물이 존재할 뿐이다. 이곳은 북인도의 문화를 완성한 아리아인의 문화가 아니라 선주민이었던 드라비다인의 예술과 문화를 살펴볼 수 있는 고향이라고 보면 된다.

드라비다인은 아리아인 이전에 인도에 들어온 인종으로 인더스 문명의 주인공이었을 거라는 추측이 있다. 드라비다인은 전 인도를 지배하고 있다가 인더스 문명의 몰락과 함께 남인도 지역으로 밀려났다고 한다. 남인도로 밀려나기 전에 그들은 중앙아시아로부터 들어온 새로운 종족인 아리아인과 생존을 위한 전투를 벌였는데, 여기에서 아리아인이 승리함으로써 그들은 어쩔 수 없이 남인도에서 피난처를 구했다.

무엇보다도 드라비다인과 아리아인의 다른 문화는 생김새와 피부색에서부터 구별된다. 드라비다인들은 아리아인에 비해 피부색이 검다. 만약 이 지

첸나이 시내에 위치해 있는 카파레쉬와라르(Kapaleeshwarar) 사원. 남인도 지역에서 볼 수 있는 독특한 힌두 사원으로 순수한 드라비다 양식으로 건축되었다. 이슬람 건축이 인물상을 허락하지 않은 것과 비교하면, 이 힌두 사원은 인물들의 풍부한 개성을 보여준다. 시바에게 헌신하기 위한 사원으로 비힌두들은 사원의 경내만을 볼 수 있을 뿐 내부로의 입장은 허락되지 않는다. 남인도 대부분 힌두 사원에서는 이러한 입장을 취하는데, 이것은 외국인을 불순하다고 보는 시각 탓이 크다.

자연석을 깎아 만든 5개 라타(ratha) 중 하나 (마말라푸람, 7세기)
라타란 전차 모양의 사원을 가리키는데, 이러한 형상은 드라비다 건축 양식의 초기 모습을 보여준다.

역을 여행하다가 혹시라도 그들에게 피부색이 '블랙black'이라고 말한다면 아마도 맞아죽기 십상일 것이다. 이들에게 블랙 피부라는 말은 자신들을 아프리카인과 동일시했음을 의미하기 때문에 아주 기분 나쁘게 생각한다. 왜냐하면 인도에서 피부가 검은 아프리카인들에 대한 인종차별이 존재하기 때문이다. 이러한 이유 때문에 그들은 자신의 피부를 '다크dark'하다고 생각한다.

피부색의 열등감은 아리아인의 카스트 제도에 그 뿌리를 두고 있다. 아리아인은 선주민인 드라비다인을 몰아내고 카스트 제도를 세웠는데, 여기에서 무엇보다도 중요한 것은 바로 피부색이었다. 그들은 피부색이 검은 드라비다인을 노예 계급인 수드라로 만들어버렸다. 하지만 아이러니하게도 이러한 피부색에 대한 인식은 유럽 아리아인에 대한 인도 아리아인 스스로의 열등감을 심어놓기도 했다.

〈아르주나Arjuna의 참회〉(마말라푸람, 630~668)
갠지스 강의 신화적 이야기를 바위에 새겨놓은 유명한 종교적 작품이다. 아요디야에 바기라타 왕이 신의
노여움을 사 재로 변한 선조들을 구하기 위해 수천 년에 걸쳐 고행을 했다. 이에 신의 마음을 움직여 천상의
성스러운 강 갠지스 강이 지상으로 내려왔다고 한다.

　　오늘날 지배 계급인 인도 아리아인은 유럽 아리아
인을 대할 때 심덩히 조심스러워한다. 반면, 몽골인들
에 대한 그들의 인식은 자신들이 인종적으로 좀 더
우수하다는 우월성을 가지고 무시하는 것이 현실이
다. 단지 아시아 국가의 경제력 때문에 그나마 겉으로
내색하지 않을 뿐이다. 겉마음과 속마음이 다른 것이
다. 이러한 동양인에 대한 태도는 사실 서양인들 또한
마찬가지다. 하지만 그들의 속마음 안에는 또 다른 것
이 있다. 바로 문화적 우월성에 대한 의식이다.

　　북인도와 달리 이곳 남인도에 위치한 타밀 나두

지역은 피부색과 언어(이곳 사람들은 타밀어를 사용한다), 인종이 판이하게 다르다. 이러한 차이는 다양성의 인도를 보여준다. 하지만 그 다양성의 이면에는 오랜 역사적 적대감이 도사리고 있다. 다양한 인도 문화의 공존을 묶는 하나의 끈이 있다면, 그것은 단지 인도의 민족 종교인 힌두교일 뿐이다. 이렇듯 힌두교는 다양한 인도인을 하나로 통합시켜주는 역할을 한다.

원숭이 가족 (마말라푸람, 7세기)

북인도와 구별되는 남인도의 힌두 사원들은 독특한 드라비다 양식을 보여준다. 드라비다 양식의 힌두 사원들은 오늘날까지도 순수하게 보존되어 있어 북인도의 사원들과 비교해보면 색다른 재미를 준다. 힌두 사원을 둘러싸고 있는 살아 있는 듯한 생생한 인물 조각상들은 그 화려한 색깔과 함께 섬뜩함까지도 느끼게 한다.

마말라푸람 5개 동굴군에서 볼 수 있는 대표적 조각상. 소를 숭배했던 7세기 인도인의 삶과 정신을 엿볼 수 있다.

이제 남인도 최대의 화려한 힌두 유적지를 보기 위해 마말라푸람 Mamallapuram으로 발걸음을 옮겼다. 이곳은 유명한 '해변 사원'이 있는 곳이다. 비록 작은 어촌 마을로 이루어진 곳이지만, 대부분의 주민들은 석공을 업으로 생계를 유지한다. 한 마디로 우리의 도예촌과 같은 장인들의 고장이

두르가 여신이 사자의 등에 올라타 물소로 변신한 마히샤 악마를 죽이는 조각상 (마말라푸람, 6세기)

마말라푸람에서 가장 유명한 해변사원의 전경.
이 사원은 아름답고 로맨틱한 사원으로 7세기 후반에 세워졌다. 비슈누와 시바 신을 위해 세워진 사원으로
세계문화유산으로 지정되어 있다. 주변을 둘러싸고 있는 소의 형상들이 아주 재미있다.

다. 이곳에는 압도할 정도의 거대한 사원은 없지만 정감이 느껴지는 곳이다. 어디서나 돌을 두들기고, 쪼고, 다듬는 정 소리가 정겹게 들려온다. 아직도 과거의 선봉을 이으며 살아가는 사람들. 아마도 그들의 대를 잇는 정신이 이 지역에 위대한 조각품과 건축을 탄생시킨 것이리라. 이곳에서는 7세기 남인도의 다양한 힌두 사원 양식을 볼 수 있으며, 그 사원에 조각된 조각상들을 통해 그들의 염원이 무엇이었는지 읽을 수 있다. 이런 의미에서 남인도로의 여행은 인도 문화의 전체상을 볼 수 있다는 점에서 더욱 충만한 만족을 준다.

프랑스의 자존심에 상처를 낸 영국
서구 열강들의 식민지 쟁탈지, 퐁디셰리

타밀 나두의 수도는 첸나이Chennai(또는 마드라스)다. 이곳은 인도 현대 역사 속에서 중요한 거점이 된 지역이기도 하다. 1653년 영국의 동인도회사The East India Company는 이곳에 성 조지 포트 St George Fort를 세워 도시로 만들었다. 포트 옆에 있는 성 마리아 St Mary 교회는 1678년과 1680년 사이에 세워진 첫 영국 교회다. 그것은 인도에 남아 있는 가장 오래된 영국 교회다.

그러나 타밀 나두에서 가장 흥미로운 역사는 프랑스와 관련해서 살펴볼 수 있는 퐁디셰리 Pondicherry(또는 폰디체리) 지역이다. 이곳은 수도 첸나이로부터 5시간 거리에 위치한 곳이다. 고아나 코친에서 포르투갈의 문화를 느낄 수 있다면, 이곳은 독특한 프랑스 문화를 느낄 수 있는 곳이다. 곳곳에는 프랑스풍의 건축물들이 눈에 띈다.

이곳의 역사는 서구 열강들의 식민지 쟁탈전에서 남겨진 또 다른 역사적 상처를 보여준다. 18세기 초 영국의 동인도회사는 유럽으로 많은 인도 상품을 가지고 가기 위해 선적하고 있었다. 그러나 영국은 프랑스에 의해 위협을 느끼기 시작했다. 그 열강의 상업적 경쟁은 인도에 자신의 세력을 구축하기 위한 것이었다.

상 토메(San Thome) 프랑스 성당은 1504년 세워졌다가 1893년 네오 고딕 양식으로 다시 세워졌다.

성 조지 포트에 위치해 있는 성 마리아 교회(1678~1680). 인도에 남아 있는 유일한 영국 교회다.

한편, 프랑스는 1673년에 퐁디셰리에 도착했다. 그리고 1674년 이곳 해안 마을에 프랑스의 동인도회사를 직접 세웠다. 비록 영국보다 늦게 출발했을지라도 1720년에서 1740년 사이 프랑스 회사의 무역은 영국 동인도회사의 거의 반에 달하는 정도로 증가했다. 결국 두 회사의 상업적 · 정치적 경쟁은 폭발 가능성을 안고 있었다.

또 하나의 내부적 요인으로 무굴 제국의 붕괴가 남인도에서 권력의 공백으로 남았다는 것이다. 그 결과 마드라스의 영국과 퐁디셰리의 프랑스는 지방정책을 수행할 수 있게 되었다. 그 당시 퐁디셰리의 통치자 조제프 프랑수아 뒤플렉스Joseph François Dupleix(1697~1764)는 거대한 야망가이자 외교적 수완

가였다. 영국인들은 그의 야망이 그들 무역을 위험에 빠뜨리지 않을까 두려워했다.

이러한 경쟁 속에서 마침내 1760년 영국과 프랑스 사이에 전쟁이 일어났다. 이 완디와시wandiwash 전투에서 결정적으로 프랑스가 패함으로써 영국은 인도에서 자신들의 입지를 넓힐 수 있었다. 1년 후 프랑스의 인도 거점지인 퐁디셰리는 영국에게로 넘어갔다. 프랑스의 패배는 결과적으로 인도의 지배권을 영국에게 넘겨주는 결정적 사건이 되었다. 이후 영국인들은 인도 정치에서 중요하고 뚜렷한 힘을 내세우기 시작했다.

후에 퐁디셰리는 프랑스로 귀속되었다가 1954년 인도로 양도되었다. 오늘날 이곳은 인도에서 프랑스 회화를 가장 잘하는 사람들이 집중적으로 모여 있는 곳으로, 모든 길의 간판이 영어와 프랑스어로 되어 있다. 이는 영국과 프랑스의 식민지 쟁탈전 현장임을 보여주는 또 하나의 문화이다. 식민주의 역사는 계속해서 살아 있었다.

❦ **동인도회사** : 17세기 초 후추, 커피, 사탕, 무명 등 동양의 특산품에 대한 무역 독점권을 둘러싸고 영국, 네덜란드, 프랑스 등의 유럽인들이 동방 진출을 목적으로 세운 회사이다. 가장 먼저 설립된 것은 1600년 조직된 영국의 동인도회사였다. 그 전까지 에스파냐와 포르투갈이 동인도(인도의 동쪽 지역)의 향료 무역을 독점하고 있었는데, 1588년 영국이 에스파냐 함대를 격파함으로써 마침내 영국을 비롯한 다른 나라들도 향료 무역에 나설 수 있었다. 이후 각국의 동인도회사들은 동양을 상대로 무역과 식민지 점거를 위한 전초 기지로 활용되었다. 이것은 중상주의를 내세운 유럽 국가들 간의 상업 전쟁이었다.

퐁디셰리에서 볼 수 있는 프랑스풍의 성당.
퐁디셰리는 18세기 초에 프랑스 식민지가 되었다. 포르투갈의 식민지였던 고아와 함께 독특한 문화를 지니고 있는 곳 중 하나이다. 이곳은 1761년 영국 식민지가 되었고, 이는 인도의 지배권을 영국에게 넘겨주는 결정적 사건이었다. 후에 퐁디셰리는 프랑스로 귀속되었다가 1954년 인도로 양도되었다.

산간 오지의 작은 국제도시
티베트 문화와 정신의 지역, 다람살라

우리는 인도에서 만났다. 나의 스페인 친구 안티아는 작가를 꿈꾸는 아주 감정이 풍부한 친구다. 그녀는 국제정치를 공부하지만 자신은 너무나 로맨틱하기 때문에 정치적이지 못하다고 자신의 입장을 밝힌다. 내 입장에서 보면 국제정치를 공부하는 그녀가 아주 특별해 보이기만 하다. 우리에게 있어 정치를 공부한 여성은 현실에서 접목점을 찾기가 어려운 반면, 스페인의 경우는 여성의 정치 참여가 무려 50퍼센트에 가깝다고 한다. 하지만 지금 스페인은 무정부 상태라는 것이 안티아의 견해이다. 민족주의를 지향하는 당과 사회주의를 지향하는 당이 있지만, 현실에서 이들은 어느 쪽이 우익인지 좌익인지 구분하기 어려울 정도로 색깔의 차이가 없다고 한다. 새로운 비전이 나오기까지 시간이 걸릴 거라고 말해주는 그녀를 통해 현재 유럽의 고민을 읽을 수 있었다.

안티아와 나는 서구 정신의 한계에 대해 많은 부분을 공감하고 있었다. 오늘날 인간의 이성에 기초한 합리주의 세계가 가지는 극단적 비인간성을 비판하며 우리는 새로운 정신적 대안을 찾고 있었다. 서양 철학의 기본인 정신과 육체의 분리는 현실에서 사회·경제적 발전을 이루었지만, 그 이분법적 철학

인도 북쪽 산간 오지에 위치한 다람살라 마을 전경

은 인간을 발전의 도구인 기능적 인간으로 만들고 말았다. 오늘날 우리는 발전의 그늘 뒤에 왜소하게 웅크리고 있는 우리 자신을 바라보게 되는 것이다. 이러한 정신적 갈등은 자연스럽게 우리 시대의 한 선각자인 달라이 라마 Dalai-Lama의 가르침으로 우리를 이끌었다. 안티아는 나보다 오히려 불교에 대해 더 많은 호기심을 가지고 있었다. 우리에게 불교는 너무나 친숙한 문화인 반면, 서양인에게 불교는 신비주의 사상으로 인식되고 있는 것 같았다.

달라이 라마의 가르침이 무엇인지 알기 위해서는 그가 거주하고 있는 다람살라 Dharamsala까지 달려가야 한다. 인도의 북쪽 지역에 위치한 다람살라로 가는 길은 굽이굽이 도는 낭떠러지를 낀 좁은 도로를 어렵게 지나야만 한다. 진리를 찾아가는 길은 이런 모습이구나.

델리에서 야간 버스를 타고 12시간 만에 우리는 이 산간 오지에 위치한 다람살라의 중심지인 맥로드 간지McLeod Ganj에 도착했다. 이곳은 티베트 문화와 정신을 느낄 수 있는 지역답게 관광지로 개발되어 많은 외국인들이 눈에 띄었다. 그들이 동양 정신에 기울이는 관심은 아주 진지했다. 무엇보다도 이 산간 오지는 국제도시로 기능하고 있었다. 온라인과 이메일이 가능했기 때문에 외국인들은 이러한 통신 수단을 통해 자기 나라의 친구들에게 이곳 소식을 전해준다. 한 마디로 이곳은 아주 활기차고 북적대는 작은 국제도시인 셈이다.

달라이 라마는 티베트의 독립을 이끌다가 1959년 중국의 박해를 피해 인도로 건너왔고, 이 산간 오지에 티베트 정부를 세웠다. 이후 그는 티베트의 독립을 위해 평화적 투쟁을 계속하고 있다. 그의 평화적 투쟁의 방법은 연설이다. 티베트의 독립과 자유를 위해 그는 자기 나라의 처지를 많은 나라에 알려 나가고 있는 중이다. 세계를 무대로 한 그의 행보는 아주 바쁘다. 그래서 달라이 라마를 만나기는 상당히 어렵다. 4개월 전부터 그를 만나기 위한 신청서를 티베트 사무실에 제출해야 할 정도로 그는 이미 세계적 스타다. 우리에게도 잘 알려져 있는 미국 배우 리처드 기어는 공개적으로 티베트의

델리에서 12시간의 야간 버스를 타고 도착한 다람살라의 중심지인 맥로드 간지 거리

불교 경전을 넣은 경통 마니차(Mnicha).
티베트인들은 마니차를 한 번 돌릴 때마다 경전을 읽는 것과 같다고 믿는다.

독립을 지원하고 있을 정도로 세계가 티베트에게 보이는 관심은 지대하다.

인도에 정착한 티베트인들은 인도의 북쪽 지역과 네팔 등지에 흩어져 살면서 주로 관광업과 무역업 및 상업 활동을 하고 있다. 하지만 인도인들이 이들에게 보내는 시선은 곱지 않다. 왜냐하면 그들의 지독한 상업성 때문이라고 한다. 티베트 난민들 입장에서는 어쨌든 남의 나라에 얹혀 사는 처지인지라, 특히 인도에서는 돈 없고 가난한 이민족에 대해서는 그 멸시가 말할 수 없을 정도이기 때문에 그것을 극복하기 위해 자연히 생활력은 강해질 수밖에 없었을 것이다. 아마도 이 강인한 생활력이 오히려 인도인 눈에는 지독하게 느껴졌으리라고 생각된다. 어쨌든 강한 생활력 덕택으로 티베트인들의 삶은 궁색하지 않았다. 나라 없는 설움도 설움인데 거기다가 이민족이라고 괄시까지 받을까봐 청결이라든지 교육이라든지 하는 생활의 모든 면을 철저히 관리해 나가고 있었다.

티베트의 독립운동은 부럽게도 미국, 유
럽 등 선진국의 지원활동이 막강하다. 국
제 관계상 미국과 유럽, 인도는 중국을 견
제해야 하는 입장이고 보니 자연스럽게 자
국의 이익에 따라 티베트의 독립운동에 대
해 많은 지원과 관심을 보내고 있는 것이
리라. 이미 티베트의 승려나 젊은이들은
영어를 무기로 미국으로 진출하고 있다.
자신들에 대한 강대국의 지원을 철저히 잘
활용하고 있는 셈이다.

다람살라 계곡

그렇다면 오늘날 달라이 라마는 무엇을
위해 싸우고 있는 것일까. 그는 말했다.

"나에게 노벨평화상을 줄 것이 아니라
티베트의 독립과 자유를 달라."

독립과 자유. 저 낮은 땅에서 외치는 자
유를 향한 투쟁. 물질문명의 시대에 정신을 위해 싸워 나가고 있는 또 하나의
민족. 그것의 함수관계가 21세기를 사는 우리에게 감동으로 다가오는 것은 무
슨 이유인가. 오늘날 우리는 왜 그들의 목소리에 귀 기울여야만 하는가. 우리는
그들의 투쟁을 통해 무엇을 찾기 원하는가.

나라 없는 고통 속에서 티베트인들이 어떻게 자신들의 삶을 개척해 나가
고 있는지 그 삶의 현장을 보기 위해 우리는 단숨에 이 작은 국제도시인 다
람살라까지 달려왔다.

달라이 라마와 연민의 정신

고통과 슬픔을 극복하는 방법에 대하여

달라이 라마의 핵심적 가르침은 연민의 정신에서 찾을 수 있다. 그는 진정 연민은 다른 사람에 대한 존경이 우선임을 역설한다. 연민은 다른 사람에 대한 고통을 볼 수 있게 하며, 우리 내부의 문을 열게 만든다. 이를 통하여 의사소통이 가능해지면 아름다운 우정을 얻을 수 있다고 말한다.

달라이 라마의 가장 핵심적인 가르침을 한 마디로 정리한다면, 그것은 바로 '연민'이다. 그는 연민의 정신이야말로 행복의 기본이라고 믿는다. 이 연민에 대한 참된 가르침이 무엇인지 아는 것이 우리의 목적이었다. 20세기 위대한 지성인 니체는 연민을 철저히 거부한 철학자였다. 그렇다면 달라이 라마가 주장하는 진정한 연민이란 무엇인가. 이것은 또한 우리에게 무엇을 이야기하려는 것인가. 그의 유명한 연설을 통해 우리는 달라이 라마의 사상에 쉽게 접근할 수 있을 것이다.

인간 역사의 전체는 감정의 기본에 의지해서 발전했다. 사실상 그것은 인간에게만 한정되어지는 것은 아니다. 불교의 관점으로부터 보면, 아주 작

은 벌레들조차도 이 감정을 가진다. 이러한 감
정에 따라 모든 생명체는 행복을 얻으려고 하
고 불행한 상태를 피하려고 한다.

그러나 인간과 다른 동물 사이의 몇 가지
주요 다른 점이 있다. 그것은 인간 지능과 관
련된다. 인간 지능에 관한 한 우리는 훨씬 더
위대한 능력을 가지고 있다. 그래서 지능은 우
리를 매우 영리하게 만들지만, 동시에 그 사실
때문에 의심하게 되고, 그래서 좀 더 공포를
느낀다. 나는 공포의 의미가 동물보다 인간에
게서 더 발전했다고 생각한다. 게다가 인간 사
이의 모든 갈등, 가족과 민족과 개인 내부의
모든 갈등은 서로 다른 이상과 관점으로부터
온다고 생각한다. 그래서 지능은 때때로 마음

바위에 새겨진 티베트어

의 불행한 상태를 창조한다. 이것은 인간 비참함의 또 다른 원인이 된다. 그러나
동시에 지능은 우리가 이 모든 갈등과 차이점을 극복할 수 있게 도와주는 도구
이기도 하다.

이 관점으로부터 보면 인간만이 가장 큰 갈등을 만드는 존재이다. 그것은 분
명하다. 이 행성에 인간이 없다면 행성 자체는 안전할 것이라고 나는 상상한다. 모
든 물고기, 닭, 그리고 다른 동물들은 진정한 해방을 즐길 것이다. 그러므로 인간
지능이 건설적 길 안에서 사용되는 것이 중요하다. 이것이 열쇠다. 만약 그것의 능
력이 적절히 사용된다면, 인간은 서로에게 덜 해롭게 될 것이다. 어느 누구도 우리
위에 그들의 가치를 부여할 수 없다. 그렇다면 어떻게 우리는 건설적 능력을 배울
수 있을까. 먼저 우리는 본질을 인식하는 것이 필요하다.

이 기본에 대해 나는 오늘날 어떻게 인간이 행복을 발견할 수 있는지에 대해 말할 것이다. 나는 개인이 모든 것에 있어 열쇠라고 생각한다. 어떤 공동체에서 발생하는 변화의 시작은 개인에게서 오는 것이 확실하다. 만약 개인이 착하고 평화로운 사람이라면 이것은 자동적으로 그 주변에 긍정적 환경을 가져오게 되는 것이다.

정신의 평화를 위해 중요한 특성들이 많이 있다. 나의 작은 경험으로부터 보건대, 그것은 인간에 대한 연민과 애정이라고 믿는다. 우리가 생각하는 연민이나 사랑은 우리가 친구나 사랑하는 사람들과 함께하는 친밀함의 감정과 관련된다. 때때로, 연민은 또한 동정의 의미를 가져온다. 하지만 이것은 잘못이다. 다른 사람을 무시하는 사랑이나 연민은 진정한 연민이 아니다. 진정 연민은 다른 사람에 대한 존경이 우선이다. 이러한 기본에서 당신은 다른 사람들의 고통을 볼 수 있으며, 당신은 그들에 대한 관심을 발전시킬 수 있는 것이다. 연민은 또한 우리에게 내부적 강함을 준다. 일단 연민이 발전되면 그것은 자연스럽게 내부의 문을 열게 만든다. 그것을 통하여 우리는 동료와 의사소통을 할 수 있다. 한편, 당신이 다른 사람에게 증오와 나쁜 감정을 느낀다면 그들도 당신을 향해 비슷한 감정을 느낄 것이다. 그 결과 의심과 공포가 당신들 사이에 거리감을 창조할 것이고, 의사소통의 어려움을 만들 것이다. 그런 다음 당신은 외로움과 소외감을 느낄 것이다.

나는 항상 사람들과 우정의 토대를 창조하려고 노력한다. 예를 들면, 내가 새로운 사람들을 만날 때마다 나는 소개를 위한 필요성을 느끼지 못한다. 개인은 분명히 또 다른 인간 존재다. 그러므로 본질적으로 우리는 우리 자신처럼 다른 사람을 인식함으로써 다른 사람에게 열린 마음으로 접근해야 한다. 우리 모두에게 아주 다른 점은 없다.

연민은 본질적으로 긍정적 환경을 창조한다. 그 결과로서 당신은 평화와 만족을 느낀다. 여기에는 항상 부드러운 분위기가 존재한다. 심지어 개와 새조차도 쉽게 그 사람에게 접근할 것이다. 문제는 어떻게 연민을 발전시키는가 하는 것이다. 비록 많은 사람들이 기본적으로 공격적이라고 할지라도 나는 인간 본질이 친절하고 인정이 있다고 믿는다. 비록 공격적 면이 삶의 한 부분이라고 할지라도 삶의 지배적 힘은 인간의 애정이라고 느낀다.

우리는 또한 지성적으로 연민의 중요성에 접근할 수 있다. 만약 내가 다른 사람을 돕는다면 그와 그녀를 위한 관심을 보여준다. 그리고 나는 나 자신을 이롭게 할 것이다. 그러나 만약 내가 다음 사람을 해롭게 한다면 확실히 나는 갈등 속에 있을 것이다. 우리의 지능은 이런 점에서 우리의 태도를 결정하는 데 도움을 줄 수 있다. 만약 우리가 그것을 잘 사용한다면 우리는 삶의 인정 있는 길을 이끌 것이다. 이로써 어떻게 우리 자신의 자아 이익을 충족시킬 수 있는지에 대한 통찰력을 얻을 수 있다. 이러한 관점에서 나는 이기심이 나쁘다고 생각하지 않는다. 사랑이라는 그 자체는 가혹한 것이다. 만약 우리가 자신을 사랑하지 않는다면 어떻게 우리는 다른 사람을 사랑할 수 있을까. 사실상 진정한 사랑은 먼저 자신을 향하게 한다. 반면, 증오는 항상 부정적이고 파괴적이다.

그렇다면 어떻게 우리는 증오를 제거할 수 있을까. 증오는 보통 화에 의해 진행된다. 화는 반작용의 감정으로써 일어나고 점점 증오의 감정으로 발전한다. 화

다르질링에 위치해 있는 티베트 난민 헬프 센터 내의 전경.

티베트 난민촌의 여인들이 전통적 방식으로 실을 만들고 있다.

가 날 때마다 당신은 다른 면에서 당신의 화를 객관적으로 보도록 훈련해야 한다. 예를 들어 우리는 나라를 잃었고 피난민이 되었다. 만약 우리가 우리의 상황을 화가 난 상태로 보면 우리는 좌절과 슬픔을 느낄지 모른다. 그러나 그 똑같은 상황은 다른 종교적 전통을 가진 다른 사람들을 만나는 새로운 기회를 창조해왔다. 보여 지는 것들의 좀 더 유연한 방법을 발전시키는 것은 우리를 좀 더 조화로운 정신적 태도를 향상시키도록 도왔다. 이것이 하나의 방법이다.

오늘날 티베트인들의 정신적 지주인 달라이 라마의 연설에서 우리는 무엇보다도 슬픔과 고통의 극복 방법이 무엇인지를 알 수 있다. 연민은 동정이 아니라 내부의 좀 더 강한 힘이 된다. 이 힘이 슬픔과 고통을 극복하게 하는 약자의 자기 생존법임을 우리는 알게 된다. 그래서 달라이 라마에게 있어 연민은 약자가 자신의 약한 상황을 극복하게 도와주는 감정적 지원책이다. 반면, 니체에게 있어 연민은 약한 자의 감정이다. 그리고 세계는 강자가 약자를 괴롭히는 형국이다. 이러한 인식이 니체로 하여금 약한 자의 감정인 연민을 거부하게 했다. 결국 두 사람의 차이는 이성과 감정에 대한 역사 인식의 차이라고 볼 수 있다. 인간을 어떠한 존재로 볼 것인가. 인간은 감정적 동물인가, 아니면 이성적 동물인가. 인간의 감정과 이성은 인간을 위해 어떻게 사용되어야 하는가. 이것이 오늘날 철학과 종교가 추구해 나가고 있는 관심의 대상인 것이다.

이성이 지배하는 합리주의의 시대에 달라이 라마는 인간에게 감정적 연민을 호소함으로써 서로 마음의 문을 열도록 돕는다. 하지만 냉엄한 현실 속에서 감정의 호소가 인간을 얼마만큼 도울 수 있는지에 대해 나는 지극히 회의한다. 티베트의 독립운동을 지원하는 강대국의 입장은 그들의 실리와 명분에 따른 것이지 인간적인 감정 차원에서 이루어진 것은 분명 아니라는 점이다. 하지만 약자가 스스로 자기 생존을 위해 일어서려고 할 때 그에게 요구되는 정신이 있을 것이다. 나에게 있어 달라이 라마는 바로 이 정신을 위해 싸워 나가고 있는 것처럼 보인다. 그는 자신의 정체성을 가지고 앞으로 나아가고 있는 것이다. 이것은 오늘날 우리에게 인간에 대한 또 다른 관점을 제공하고 있다.

그렇다면 우리의 정체성은 무엇인가. 어디에서 우리의 정신을 찾아야 할 것인가. 남과 북이 하나가 되기 위한 정신. 거기에는 '관용'과 '포용'의 정신이 필요하지 않을까. 물질의 지배는 그 생명력이 길지 못하다. 또한 그 부작용도 만만치 않다. 이런 맥락에서 나에게 불교는 다시 새로운 비전으로 다가오고 있었다. 달라이 라마가 들려주는 연민의 정신은 새로운 울림으로 다가오고 있었다.

다르질링의 히말라야
장난감 기차를 타고 가는 정신의 고향

다르질링Darjeeling은 무엇보다도 차 재배지로 유명한 인도 북동쪽에 위치한 산간 지역이다. 이곳은 또한 티베트 불교의 또 다른 모습을 확인해볼 수 있고, 무엇보다 히말라야 전망을 가장 가깝게 볼 수 있는 곳으로도 유명하다. 다르질링으로 들어가기 위해서는 실리구리Siliguri라는 지역에서 버스를 이용하면 된다. 하지만 천혜절경의 빼어난 경관과 낭만을 즐기기 원한다면 '장난감 기차'에 몸을 실어보는 거다.

장난감 기차는 지구상의 마지막 증기기관차로 세계 유네스코 문화유산이

유네스코 세계문화유산으로 지정된 장난감 기차

히말라야 설산인 카첸중가를 배경으로 한 사원 전경

다. 영국 식민지 시절 다르질링의 차를 운송하기 위해 운행했다고 한다. 칙칙 폭폭 소리를 내며 증기로 움직이는 이 작은 장난감 기차는 말 그대로 작고 앙증맞다. 마주보고 앉으면 서로 무릎이 닿는 좌석 배치, 비좁은 통로, 한 칸에 겨우 열댓 명밖에 탈 수 없는 아기자기한 기차의 내부는 정겨움의 공간이 된다. 버스로 불과 3시간이면 가는 거리를 장난감 기차는 무려 9시간에 걸쳐 거북이걸음으로 달려간다. 이것은 분명 느림의 여유로움이다. 장난감 기차의 낭만을 놓친다면, 인도 여행 최고의 기회를 잃는 것이다. 우리에게도 수원과 인천을 잇는 '협궤열차'가 있었지만, 1995년 운행이 중단되어 그 자취를 잃어버렸다. 현대성의 편리함이라는 명목으로 과거의 낭만이 사라졌다면, 인도는 아직도 그 낭만성을 보존하고 있는 셈이다.

장난감 기차 안에서 우리는 중년의 네덜란드 부부를 만났는데, 그들은 인도 여행이 다섯 번째라고 했다. 서양인들은 젊었을 때 열심히 일해서 저축한

다르질링의 티베트 사원

후 중년에는 외국여행을 다닌다고 한다. 경제적 기반이 마련되었기 때문에 자유롭게 여행을 즐기는 것이기도 했지만, 무엇보다도 부러운 것은 정신의 자유로움이었다. 우리 사회의 40, 50대 중년들이 어찌 자유롭게 여행 문화를 즐길 수 있는가. 자식들 뒷바라지하면 그대로 인생 끝나는 것이 우울한 중년의 삶임을 생각하니 더욱더 여행을 통해 자신의 삶을 풍요롭게 만드는 그들의 진정한 자유정신이 부러웠다.

장난감 기차를 타고 가면서 바라보는 북동쪽의 경관은 한 마디로 장관이었다. 또한 해질녘 구름이 만들어내는 변화무쌍함은 우리가 지금 신선의 세계로 들어가고 있는 착각을 일으킬 정도로 황홀했다. 사진으로 다 표현할 수 없는 구름이 만들어내는 시시각각의 풍경은 우리에게 인생이란 이것이라고 말하고 있는 것 같았다.

흔히 인간의 삶은 변화의 삶이라고 이야기한다. 그것은 인간관계의 변화무쌍함을 두고 하는 말이다. 인생은 관계를 통해서 이루어 나가는 것이다. 나는 아주 오랫동안 나와 관련된 많은 만남들을 생각했다. 모두 변해가는 만남인 것을 오래도록 그 사실을 받아들이지 못해 혼자서 많이 괴롭기도 했다. 점점 가볍게 변해가는 관계들. 순간순간 변화는 저 구름들. 참으로 이상하다. 이 가벼운 관계들이 싫어져서 혼자 내 안으로 빠져들었는데, 나는 지금 저 가벼운 구름떼를 그리워하고 있다. 가볍기 때문에 변할 수 있고, 그래서 만들어지는 구름의 아름다움. 아름다움은 이 가벼움의 철학 속에 있었던가. 나의 무거움이 때로는 타인과의 관계에 있어 짐이 되었겠구나. 가볍게 구름 따라 흘러가고 싶다. 그 아름다움 속에 존재하고 싶다.

그런데 이것은 또 웬 변덕인가. 히말라야의 만년설을 보고 나니 이번에는 항상 변함없이 하얗게 빛나는 저 눈산을 닮고 싶다. 새벽녘 떠오르는 아침 해를 받으며 붉게 타오르는 산. 히말라야, 나의 히말라야! 이 만년설을 보기 위해 멀리에서 왔구나. 이른 새벽부터 서둘렀구나. 영롱하게 빛나는 히말라야의 거대함. 오래도록 살아 기억될 위대함의 무게여.

해질녘 구름이 만들어내는 장엄함

변화무쌍한 구름의 향연을 보여주는 저녁 무렵

이른 아침 타이거힐에서 바라본 카첸중가 산이 눈부시게 빛나고 있다.

몽골인들의 정신적 피난처
순수한 정신의 세계, 시킴

시킴Sikkim은 중국과 국경을 접하고 있는 인
도 북동쪽 끝에 위치해 있는 곳으로 우리와 생
김새가 비슷한 몽골인들이 살고 있는 곳이다.
다르질링과 함께 이곳은 인도의 다른 지역과
는 판이한 자연환경을 가지고 있다. 자연환경
의 차이뿐만 아니라 아주 특별한 역사를 간직
하고 있는 곳이기도 하다. 이곳은 1975년까지
독립된 왕국의 형태를 유지했다가 이후 인도
영토로 편입된 곳이다.

오늘날 인도의 22번째 주인 시킴은 중국과
국경을 접하고 있기 때문에 무엇보다도 전략
적으로 중요하게 다루어지고 있다. 인도인에
게 중국의 존재는 항상 위험한 적 중의 하나

코의 장식이 인상적인 시킴 여인

로 인식되어 있고, 몽골인들에 대한 편견은 상당히 부정적이다. 인도인들의
관점에서 몽골인들은 폭력적이기 때문에 그들을 대할 때는 조심해야 한다

시킴의 수도 강톡에 위치한 '로열 체펠' 내 소박한 티베트 사원

는 입장이다. 이러한 시각은 역사적 관계 속에서 만들어진 고정관념으로 작용해왔다. 무굴 제국은 아프가니스탄으로부터 온 칭기스 칸의 후예였던 것이다.

과거 몽고군의 침략이 인도와 유럽인들에게 몽골인들의 이미지를 아주 부정적으로 만들어놓았다. 오늘날도 유럽인들은 몽고군의 유럽 침략을 애써 무시하려 들지만 이것은 단지 자존심을 지키기 위한 태도일 뿐이다. 어쨌든 이러한 고정관념으로 인해 여행자들이 시킴에 들어가기 위해서는 인도 정부의 허가를 받아야 하는 특별한 서류 양식이 필요하다. 이것은 몽골인들로부터 유럽 여행자들을 보호하겠다는 암묵적 상징인 것이다. 역사의 편견은 오늘날의 현실에서도 계속해서 살아 있었다.

시킴의 수도 강톡Gangtok까지 들어가는 길은 구불구불 이어지는 비포장도로의 산길이었다. 강톡에 도착했을 때는 이미 해가 뉘엿뉘엿 지고 있었다.
강톡에 도착해서 받은 첫인상은 생각했던 바와는 의외로 상당히 다른 모습이
었다.

산으로 둘러싸여 있는 이곳은 한창 자본주의가 진행 중이었다. 전략적 요
충지의 가치 때문에 인도 정부는 이곳에 많은 자본 투자를 하고 있다고 한다.
이곳 주민들은 대부분 몽골 계통의 네팔인과 시킴인, 그리고 인도에서 이주
해온 인도인 등으로 구성되어 있다. 자본주의의 물결을 타고 이제는 상업에
종사하는 사람들이 늘어났지만, 무엇보다도 이곳은 계단식 농업으로 유명한
곳이다. 주민들 대부분은 불교를 믿고 있고, 그들의 정신적 기둥인 불교 사원
은 티베트 불교의 영향 속에 있다.

우리는 먼저 시킴에서 가장 유명한 사원인 룸텍Rumtek으로 향했다. 티베트
사원의 전통적 디자인을 따라 지어진 이 룸텍 사원은 시킴에서 정신적 기둥

시킴에서 볼 수 있는 독특한 불탑. 티베트 탑의 양식을 모방했다.

티베트 사원의 전통 디자인에 따라 지어진 룸텍 사원

으로 존재하는 사원이다. 규모는 크지 않았지만 조용한 곳에 위치하여 수도 도량으로 안성맞춤인 곳이었다. 이곳에서는 또 다른 불교 국가인 이웃 나라에서 온 부탄 승려들도 정진에 힘쓰고 있다. 물질문명보다는 순수한 정신의 세계가 살아 숨 쉬는 곳. 또 하나의 정신세계를 찾아 서양 여행자들의 발길이 이곳으로 바빠지고 있었다.

안티아 역시 이 지역에 특별한 관심을 보였다. 나에게 있어 불교는 많이 익숙한 문화지만, 서양 친구인 안티아에게 불교의 가르침은 커다란 신비를 일으키는 대상이었다. 내가 나 아닌 타인의 정신세계에 관심과 호기심을 가지게 되는 것과 같은 이치이리라. 스페인이라는 배경을 가진 안티아의 정신적 기둥은 정통 가톨릭이다. 하지만 그녀는 힘주어 말한다.

"종교는 이제 비즈니스가 되었어. 나는 신을 믿지 않아. 오늘날 종교는 우리를 도울 수 없어."

룸텍 사원 내부

　그녀의 말 속에는 인간만이 인간을 도울 수 있다는 의미가 강하게 묻어 있었다. 그래서 오히려 위대한 성현의 가르침을 갈구하는 것이리라. 가톨릭과 이슬람이 벌인 신의 존재를 향한 피나는 종교전쟁. 그리고 자신의 종교적 세력을 넓히기 위해 힌두들에게 가해졌던 엄청난 종교 침략의 역사. 안티아는 이것을 잘 이해하고 있는 듯이 보였다.

　신을 믿을 것인가. 그렇다면 무슨 신을 믿을 것인가. 하나님, 알라신, 범신론……. 아니면 위대한 성현의 가르침에 따를 것인가. 예수, 부처, 마호메트……. 각자 자신의 선택이다. 모든 진리는 하나의 길에서 만난다.

룸텍 사원에서 바라본 전경. 열대, 온대, 냉대성의 다양한 식물군과 해발 7,000미터에 이르는 광대한 산악들, 그리고 고대 불교 유적들 때문에 시킴은 마지막 히말라야의 샹그릴라로 여겨진다.

시킴에서 만난 부탄 승려들

쏭고 레이크(Tsongo Lake).
문명의 발자국이 닿지 않은 자연 그대로의 순순한 모습을 간직하고 있다. 강톡에서 35킬로미터
떨어진 이곳은 중국 국경과 가깝기 때문에 전략적으로 중요한 곳인데, 관광지로 개발되어 이 아름
다운 호수를 볼 수 있게 되었다.

쏭고 레이크의 야크 체험

카시족이 흥미로운 단 하나의 이유
실롱의 모계제와 카시 여인

나타샤는 몽골계 여학생이다. 그녀의 고향은 실롱 Shillong이라는 지역이다. 실롱은 인도 북동쪽에 위치한 메갈라야 Meghalaya의 수도다. 이곳은 바로 몽골계의 카시 Khasi족이 모여 살고 있는 곳이다. 나타샤는 바로 카시 여성인 것이다. 당연히 나타샤는 모계제의 원칙에 따라 그녀 어머니의 혈통을 따른다. 그래서 나타샤의 성은 아버지의 성이 아니라 어머니의 성을 따른다. 또한 어머니의 재산이 그녀에게 양도될 것이다.

한편, 그녀의 아버지는 힌두인이다. 그녀의 남동생은 그녀와 달리 인도 아버지의 혈통을 따른다. 혈통과 재산만 계승되는 것이 아니다. 종교 또한 다르다. 영국의 지배 역사를 통해 카시족은 기독교를 받아들였다. 그녀는 매주 어머니와 함께 델리에 있는 교회에 다닌다. 하지만 그녀의 남동생은 아버지가 믿는 힌두교를 믿고 있다. 그렇다면 이 복잡한 가계 혈통은 어떻게 가능한 것인가. 여기에 인도 역사의 현대성이 있다.

한 번은 그녀의 집을 방문한 적이 있었다. 그녀의 어머니와 우리는 인도에 대한 열정적 토론을 벌였다. 그녀들이 한 목소리로 처음부터 끝까지 인도에 대해 강조하는 말은 흥미로웠다.

"인도는 더러워. 하지만 실롱은 깨끗하다."

실롱은 분명 인도의 북동쪽에 소속된 인도 영토이다. 그럼에도 그녀들은 한 목소리로 인도에 소속되어 있는 실롱의 존재를 거부하고 있었다. 이러한 거부는 인도에 대한 적대 감정을 드러내는 것임을 느끼게 된다.

영국의 식민통치 전에 이 지역은 중국과 인도 사이에 끼어 있던 소외된 지역이었다. 카시들은 아주 옛날부터 카시 언덕이라고 불리는 지역에 살고 있었다. 그들은 마을로부터 다소 떨어져 살고 있었다. 하지만 19세기 초에 영국인이 최초로 이 카시 언덕으로 들어왔고, 그들은 언덕 전체를 정복했다. 이후 영국의 지배와 함께 많은 선교사와 영국인들이 이 지역에 들어옴으로써 카시족은 영어와 영국식 교육제도를 받아들였다. 이로써 전통 카시 사회는 현대화의 길로 접어들면서 급격한 변화의 소용돌이 속에 휩싸였다. 기존의 전통 교육이라는 것이 전무했기 때문에 영국의 서구식 교육은 이들 부족에게

카시 언덕에 위치한 실롱의 교회. 19세기 초 영국인이 최초로 카시 언덕을 정복함으로써 카시족은 영국식 교육제도와 기독교를 받아들이게 되었다.

모계제를 유지하고 있는 몽골계 카시족

커다란 힘이 되었지만, 동시에 전통의 해체를 겪어야 했다.

독립 이후 이 지역은 고스란히 인도로 귀속되었다. 이로 인해 카시 여인과 인도인의 결혼이 시작되었다. 오늘날에도 이 지역을 여행하다가 보면 카시 여인과 인도인 남편을 많이 볼 수 있다. 카시의 순수 혈통은 이러한 역사적 상황 속에서 또 한 번의 변화를 겪었던 것이다. 나타샤의 경우는 이러한 역사적 배경 속에서 자신의 정체성을 찾는 중이다.

인도 북동쪽의 몽골계 사람들은 인도에 대해 상당히 부정적 시각을 가지고 있다. 인종적 우월성이 중요시되는 인도 사회에서 몽골인들은 소외될 수밖에 없다. 또한 문화적 입장에서도 근본적으로 다르다. 그런 의미에서 북동쪽의 소수 민족들은 인도로부터 억압받고 있다고 느낀다. 이것이 그들로 하여금 인도로부터의 독립을 요구하는 배경이 된다. 이것이 바로 북동쪽 인도 지역의 딜레마인 것이다.

안티아는 이 모계제도의 카시 여성에 대해 지대
한 관심을 가지고 있다. 그녀는 지금의 가족제도가
가지고 있는 많은 모순을 극복하기 위해 새로운 형
태의 가족제도가 필요하다고 주장한다. 다양한 형태
의 가족제도 속에서 개인의 취향에 맞게 선택할 수
있기를 희망한다. 그리고 그것이 사회적으로 인정되
기를 희망한다. 이러한 변화의 움직임은 이미 서구
사회에서 시작되고 있는 것이 현실이다. 하지만 의
식을 바꾸기는 얼마나 어려운 일인가. 우리는 단지
기다리고 지켜보는 세대에 지나지 않는 것 같다. 아
마도 그 열매는 먼 세대에게나 가능할 것이다.

카시족 여인

엥겔스의 《가족》에 따르면, 모권의 전복은 여성
의 세계사적 패배였다. 남성은 가정에서도 지배권을 장악하게 되었으나, 여
성은 오히려 지위를 잃고 남편의 정욕의 노예로, 단순한 자녀 출산의 도구로
전락했다. 모권의 붕괴 후에 급속히 부계권과 일부일처제가 발전하게 되었는
데, 그것이 오늘날까지 유지되고 있는 가족제도이다.

그러나 이 일부일처제는 결코 개인적 성애의 결실이 아니며, 성애와는 아
무런 상관이 없는 정략결혼과 같은 것이다. 일부일처제는 사적 소유라는 경
제적 조건에 기초한 최초의 가족 형태였다. 엥겔스는 단지 새로운 형태의 세
대에 의해 이 제도가 새로워질 것이라고 전망했다. 자본주의적 생산이 완전
히 소멸된 후, 돈이나 사회적 권력을 수단으로 이용해 여자를 사본 적이 없
는 세대에서 새로운 가능성이 있다고 보았다. 이 새로운 세대에서 여성들도
남성들에게 진정한 사랑 외에 어떤 다른 이유로도 자신을 허락하지 않을 것
이며, 또한 경제적 결과가 두려워서 사랑하는 남성과 성관계를 맺지 못하는

리스 바자르 재래시장에서 과일을 팔고 있는 카시족 여인

일도 없을 것이다. 그러한 새로운 사람들이 나타난다면 그들은 누가 무엇을 어떻게 해야 한다는 식의 규율에는 개의치 않을 것이라는 엥겔스의 가족론은 오늘날 시사하는 바가 크다고 볼 수 있다.

성략결혼이 가지는 그 부도덕함이 인간 개성을 살려낼 수 없음은 너무나 당연한 일이다. 이에 엥겔스는 만일 한 사람에 대한 애정이 식고 다른 사람과 새로운 열정에 빠진다면 두 사람은 서로를 위해서나 사회를 위해서나 헤어지는 편이 유익한 일이라고 이혼의 자유를 허용했다. 하지만 진정한 여성 해방이란 이러한 허용만으로 이루어지는 것은 아닐 것이다. 모계제든 부계제든 무엇보다도 인간적 평등이 중요한 내용이 되어야 할 것이다.

공상과 감각의 정치 실험
꿈꾸는 정치적 지도자, 마하트마 간디

위대한 영혼이라는 뜻의 '마하트마 Mahatma.' 그것은 우리에게 너무나 친숙한 인물인 간디의 호칭이다. 20세기 영국 제국주의 힘에 맞서 독립운동을 펼쳤던 간디는 인도 민족주의의 아버지였다. 그는 어디를 가나 3등칸을 이용하면서 가장 가난한 농민의 옷과 삶의 스타일을 받아들인 위대한 인물이었다. 그의 위대성이 단지 정치력과 지도력에만 국한되었다면 역사책 어느 한 귀퉁이에 자리 잡고는 그대로 잊혔을 것이다. 내가 다닌 대학에서도 한창 간디의 정치력에 대한 비판 작업이 진행 중일 정도로 인도 학계에서 그에 대한 평가는 냉정하기까지 하다. 하지만 그는 여전히 위대하다.

내가 보는 간디의 위대성은 다른 면에 있다. 그는 자신을 넘어서 이상을 찾아 끊임없는 진리의 실험에 인도와 인도 민중을 끌어들였다. 이 무모한 실험은 현실주의 정치가들의 입장에서는 분명 미친 짓이었다. 하지만 그는 꿈이 있는 세상을 원했다. 그것을 증명해 보이기 위해 자신을 던졌고, 자신의 민중들을 그의 꿈으로 이끌었다. 그는 몽상가였다. 내 관점에서는 이것이 그의 위대성이다.

꿈꾸는 정치적 지도자. 정치는 분명 현실이다. 하지만 그는 꿈을 꾸는 정

간디는 사티아그라하(진리 추구)라는 사상 위에 아힘사와 비폭력을 함께 놓았다. 이 원칙은 정치적으로는 시민 불복종운동으로 나타났다.

치가였다. 자신의 꿈을 위해 그는 현실과 싸웠다. 이것이 가능한 일인가. 이것이 있을 수 있는 일인가. 그렇다. 그에게 현실이란 곧 꿈꾸는 삶이었다. 그것이 현실이었다. 적어도 그는 누가 친구이고 적인지를 알고 있었다. 그에게 힌두와 무슬림은 하나였다. 우리에게 남과 북이 마치 하나인 것처럼. 하지만 언제나 현실은 어리석은 자들의 주사위 놀음이 아닌가. 간디의 간절한 염원에도 불구하고 1947년 인도는 결국 인도와 파키스탄으로 분리된다. 우리가 남과 북으로 분리되었던 것처럼.

헤겔이 《역사철학》에서 중국을 '산문적 오성(悟性: 감성 및 이성과 구별되는 지성)'의 나라로 비유한 데 대해 인도를 '공상과 감각'의 나라라고 말한 것은 유명하다. 여기에서 헤겔은 '정신과 자연과의 몽상적 통일이 인도 정신의 원리'라고 믿었다. 아마도 이 말은 간디 정신에서 더 잘 드러날 것이다. 인도에서 힌두와 무슬림은 중요한 정신이다. 간디는 힌두교와 이슬람교의 통합을 주장했으며, 그것을 믿었다. 이것은 대단한 현실인식이었다. 근본적으로 함께할 수는 없지만 현실적으로 함께해야 한다면 몽상이 필요하리라. 그에게 몽상이란 곧 현실이었다.

간디의 가르침은 깊은 종교적 확신에 기본을 두고 있다. 그는 '사티아그라하 Satyagraha'라고 부르는 내적 영혼의 힘을 발전시키기

1946년 간디와 네루. 1929년 간디는 국민회의 지도자로서 네루를 지목했다. 이후 1946년 네루는 독립 인도의 초대 수상이 되었다. 이후 그의 가문은 딸 인디라 간디에 이어 그녀의 아들 라지브 간디, 그의 아내 소냐 간디로 이어지는 수상을 배출했다.

위하여 자아 통제와 단순한 삶의 스타일을 주장했다. 이러한 이상 위에 자이나교의 '아힘사 ahimsā'와 '비폭력'을 함께 놓았다. 이 정신의 강함에 도달하기 위하여 간디는 몇 가지 자아 원칙을 연설하고 실행했다. 그는 금욕생활의 맹세를 취했고, 검소하게 생활했으며, 그리고 정치적 무기로서 비폭력의 이상을 발전시켰다. 간디의 비폭력에 대한 가장 효과적 표현은 시민불복종운동으로 나타났다. 이 명분을 가지고 그는 다양한 보이코트 전술, 태업 또는 비즈니스의 정지와 비협력의 행동을 수행했다. 한편, 비협력은 몇 가지 면을 가지고 있었다. 그것은 세금의 지불에 대한 거절이나 평화로운 법의 위반에 기반한 헝거 스트라이크와 수동적 저항 등을 포함하고 있었다.

간디가 그의 비폭력운동을 처음으로 시작했을 때 영국은 놀라움과 비웃음으로 그를 바라보았다. 하지만 1930년 후반쯤 그들의 이해는 180도 변화되었다. 로드 와벨 총독은 간디에 대한 평가에서 다음과 같이 말한 바 있다.

"간디는 15퍼센트 사기꾼이며, 15퍼센트 성인이며, 그리고 70퍼센트는 교활한 극단적 정치가이다."

간디는 어느 시기에 절대적 순수성과 완성을 주장하는 종교적 인물이었다. 그러나 또 다른 시기에 그는 조심스럽고 교활하고 실천적인 정치인이었다고 평가되기도 한다.

제1, 2차 세계대전 기간에 간디는 1920년, 1930년, 1942년에 시민불복종의 위대한 캠페인을 시작했다. 이러한 캠페인 중에서 유명한 '소금행진'으로 시작했던 1930년의 캠페인이 가장 위대했다. 78명의 선택된 추종자들과 함께 간디는 소금법의 개정에 대항하여 영국 법을 깨기 위해 바다로 행진을 시작했다. 해변에 도착해서 그는 소금법을 거부하면서 바닷물로부터 소금을 만들기 시작했다. 이 드라마틱한 행동을 통하여 그는 영국의 권력이 가난한 민중의 이익에 상처를 입히고 있다고 항의했다. 그는 소금 공장을 독점함으로써 가난한 사람들로부터 돈을 만드는 행위는 상당히 비도덕적이라고 주장했다. 그의 행동은 보통 사람들의 열렬한 지지를 이끌었으며, 전국적 흐름을 형성했다. 이 항의로 인해 엄청난 인명의 희생이 잇따랐다. 1930년에 103명이 죽었고, 420명이 부상당했다. 1942년에는 6만 명의 국민회의 활동가들이 감옥에 투옥되었다. 하지만 이러한 희생은 헛되지 않았다. 영국은 이러한 흐름을 막을 수 없다는 것을 인식하기 시작했다.

퐁디셰리에서 볼 수 있는 간디기념상.
간디는 바다로 행진하여 바닷물로부터 소금물을 만드는데, 이것이 그 유명한 소금행진이다.

간디의 위대한 실천은 승리했다.

하지만 오랜 영국 통치는 그 내부에 힌두와 무슬림 사이의 팽팽한 긴장감을 안고 있었다. 당시 그는 힌두와 무슬림이 하나임을 주장하며 그 갈등의 종식을 위해 단식에 들어갔다. 하지만 힌두들은 간디가 무슬림 편에 있다고 비난하기 시작했다. 간디의 정치력은 위협 속에 처하게 되었고, 마침내 1948년 1월 30일에 힌두 극단주의자가 쏜 총에 맞아 안타까운 죽음을 맞이했다. 그의 죽음은 인도 전역에 엄청난 충격을 안겨주었다.

간디의 뒤를 이어 지도자가 된 네루는 국민들에게 말했다.

"빛이 이제 우리의 삶으로부터 사라졌다. 모든 곳에 어둠만이 존재한다."

간디의 화장터는 꽃으로 뿌려진 검은 대리석 제단으로 남아 있다. 그리고 그 위에는 간디의 마지막 말이 새겨져 있다. 힌두 신 라마 Rama를 부르는 '헤 람He Ram(오, 라마 신이여)'이라고. 그는 사라졌지만, 그의 정신은 오늘날까지도 많은 인도인들의 가슴에 남아 영원히 기억되고 있다.

간디의 화장터 검은 대리석에 새겨진 '헤 람'

언어를 무기로 택한 시성 타고르

나의 조국이 깨어나게 하소서

타고르(Rabindranath Tagore, 1861~1941). 인도의 시성으로 불리며, 인도 고대로부터 절대자라고 전해 내려온 브라만을 근거로 삼아 범신론 사상으로 발전시켰다. 서정시 《기탄잘리》로 1913년 동양인으로서는 최초로 노벨 문학상을 받았다. 콜카타에서 160킬로미터 떨어진 산티니케탄에 교육도시를 설립했다.

콜카타Kolkata는 영국 식민지 당시 인도의 수도였다. 이곳은 인도 민족의 위대한 정신인 타고르Ravindaranath Tagore(1861~1941)의 고향이기도 하다. 당시 영국의 식민 탄압 속에서 가장 위대한 영감을 불러일으킨 그는 간디를 따라 민족주의 투쟁에 나섰던 대표적 인물이다. 그의 무기는 언어였다. 그는 그의 민족적 언어인 벵골어를 국제적 무대로 끌어올렸다. 그리고 오늘날 이것은 인도의 가장 위대한 문학 전통이 되었다.

《기탄잘리Gitanjali》는 '신에게 바치는 송가'라는 뜻으로 최고로 알려진 그의 작품집이다. 이 작품집은 그의 아내와 다섯 명의 아이 중 세 자녀의 죽음 이후에 쓴 시 모음집이다. 이 시집은 벵골어로 된 157편의 서정시를 묶어

조라상코(Jorasankho) 타고르 하우스.
넓은 정원이 딸린 'ㄱ' 자 모양의 붉은 벽돌로 지은 타고르 하우스는 콜카타 조라상코 지역에 위치해 있는데, 타고르가 태어나서 평생 살았던 곳이다. 벵골 문예 부흥의 상징으로 여겨졌던 곳으로 1961년 라빈드라 바라티 대학교 건물로 편입되었고, 별관은 타고르의 유품을 전시한 박물관으로 사용하고 있다.

1910년에 처음 출판되었다. 여기에서 57편을 추리고 다른 시를 첨가하여 모두 103편을 직접 영어로 옮겨 1912년에 영국에서 다시 출간했다. 이 작품집으로 이듬해인 1913년에 그는 아시아에서 처음으로 노벨문학상을 받았다.

《기탄잘리》 제35번째 시는 우리에게도 꽤 잘 알려져 있는데, 이 시는 타고르가 영국에 항거하는 인도인들을 위로하기 위해 쓴 시다.

마음에 두려움 없이
머리를 높이 치켜들 수 있는 곳
지식이 자유로울 수 있는 곳
작은 칸으로 세계가 나누어지지 않은 곳

타고르 하우스 건물 안쪽

말씀이 진리의 속 깊은 곳에서 나오는 곳
피곤을 모르는 노력이 완성을 향하여 팔 뻗는 곳
이상의 맑은 흐름이
무의미한 관습의 메마른 사막에 꺼져들지 않는 곳
님의 인도로 마음과 생각과 행위가 더욱 발전하는 곳
그런 자유의 천국으로
나의 조국이 깨어나게 하소서, 나의 님이시여.

타고르의 동양적 감수성과 영적인 세계관은 당시 서구 사회에 커다란 충
격을 던져주었다. 유명한 시인 W. B 예이츠는 《기탄잘리》 서문에서 다음과
같이 말하고 있다.

"나는 여러 날 동안 이 번역된 원고 뭉치를 가지고 다니면서 기차 안에서,

콜카타의 빅토리아 기념관. 콜카타는 인도 민족운동 정신이 살아 숨 쉬는 곳이다. 빅토리아 기념관은 영국 식민지 당시 세워진 가장 단단한 기념물로 식민주의적 상징이다. 이 건물은 하얀 대리석으로 세워짐으로써 흔히 타지마할에 비견되기도 한다.

빅토리아 기념관 외벽 장식. 1877년 빅토리아 여왕은 인도의 통치자가 된다.

버스 안에서 혹은 식당에서도 읽었으며, 또 낯선 사람이 내가 얼마나 감동하는지 알아볼까 봐 두려워 가끔 그 원고를 덮어두어야 했다. 인도 친구가 내게 들려준 말에 의하면 원래 이 서정시들은 다른 언어로 옮길 수 없는 오묘한 색깔과 섬세한 리듬, 또 음률적이며 창조적 재능이 넘친다고 한다. 그것은 나의 생애를 통하여 오랫동안 꿈꿔왔던 세계를 그들의 세상 속에서 보여주는 최상의 문화적 산물이면서도 마치 평범한 토양에서 자라난 풀이나 잡초처럼 소박하게 보였다."

흔히 타고르의 예술 세계는《우파니샤드》의 철학에 뿌리 내리고 있다고 말한다. 영국 식민지 당시 그는《우파니샤드》에서 주장하는 개인의 해방을 민족의 해방으로 끌어올렸다. 그에게 있어 민족의 해방은 곧 개인의 해방에 대한 간절한 염원이었으리라. 그의 염원은 콜카타의 명소인 산티니케탄 Santiniketan에서 느껴볼 수 있다. 시간이 허락하지 않아 산티니케탄을 방문하는 일은 다음 기회로 남겨놓았다. 아직도 인도 정신이 살아 숨 쉬고 있음을 풍문으로 듣고는 다음 여행지를 향해 발길을 돌렸다.

콜카타에 있는 영국 통치자들의 묘지. 당시 인도의 억압적 상황을 상상할 수 있는 곳이다.

영국 식민의 유산, 콜카타
근대사의 비극이 남긴 흔적

갠지스 강의 지류인 후글리Hoogly 강을 끼고 도는 콜카타는 인도 현대 근대
사의 대서사시를 보여주는 지역이다. 인도 역사가 끊임없는 이민족 침입의
역사와 함께 발전해왔다면, 영국의 인도 침입은 조금 다른 성격이었다고 볼
수 있다. 아리아족과 이슬람인들이 필연적으로 인도의 땅에 정착하면서 문화
를 창조를 이루었다면, 영국의 유럽인들은 인도 지역에서 생산하는 모든 필
요한 물자들을 착취하기만을 원했기에 침략의 성격부터가 다른 것이었다. 물

영국 식민지 시절의 콜카타

세인트 존스 교회(1787년)   세인트 존스 교회 내로 옮겨진 '블랙홀' 기념비

론 그 결과도 다르게 나타났다. 콜카타는 영국의 인도 식민 지배가 남긴 무자비하고 비참한 역사를 현재도 곳곳에서 생생하게 보여주고 있다.

 1686년 영국의 무역 상인 잡 차노크Job Charnock가 400여 명의 군사를 이끌고 당시 히즐리Hijli 왕국을 침입하여 힌두와 무슬림 왕들을 패배시키고 콜카타에 정착하면서 이 도시를 식민 정착지로 건설했다고 알려져 있다. 1699년 영국은 윌리엄 요새를 만들어서 군대 주둔지이자 활동 본부로 사용했고, 콜카타는 뭄바이, 마드라스와 함께 동인도회사의 직접 통치를 받게 되었다.

 1756년, 영국은 프랑스 군대와 잦은 충돌이 생기자 군사력을 강화하게 된다. 당시 무굴왕국의 벵골 나와브Nawab(태수)였던 시라지 웃다울라Siraj Ud-Daulah는 윌리엄 요새의 군사력 증강을 멈출 것을 명령했는데, 동인도회사가 이를 무시하자 요새를 함락시키고, 도망가다 남은 영국 군인과 민간인들을 한 평 남짓의 지하 감방에 가두었다. '블랙홀Black Hole'로 악명 높은 이 감옥에서 하루 만에 대부분의 사람들이 열사병과 질식으로 사망하게 되는 사건이 일어난다.

다음 해에 로버트 클라이브Robert Clive는 동인도회사의 세포이sepoy(유럽 열강에 고용된 인도인 병사)들과 영국 군대를 이끌고 벵골을 다시 탈환함으로써 프랑스와의 식민 전쟁에서 승리하게 된다. 또한 플라시 전투에서도 승리함으로써 영국은 프랑스와의 인도 식민 전쟁에서 완전히 승리하였고, 동인도회사의 벵골에 대한 군사·정치·상업상의 지배를 확립하였다. 결국 무굴 황제는 벵골·비하르·오디샤 3개 주州의 조세징수권을 영국에게 넘길 수밖에 없었고, 이는 영국의 인도 식민 지배의 기반이 되었다. 이후 영국의 지배가 전 인도로 확장되자 인도는 원료 공급지이자 동시에 영국의 상품 시장이 되었다. 예를 들어 영국은 인도의 값싼 면화를 수탈한 후 가공하여 비싼 값에 인도 시장에 되팔아 막대한 수익을 올렸던 것이다.

1772년 콜카타는 영국령 인도의 수도가 되었다. 도시는 발전하였고, 웅장한 건물들과 영국식 교회가 건설되었다. 1850년대부터 면직물을 기반으로 빠른 산업 성장을 이루면서 철도, 전보 등 사회적 인프라에 대한 투자가 이루어졌다. 19세기 말에는 벵골 르네상스 운동으로 영국과 인도 문화를 결합한 새로운 도시 중산 계층이 생겼지만, 수도를 델리로 옮기면서 콜카

1873년부터 운행된 지상 저속 열차인 트램(Tram)

동인도회사가 있던 비비디 박 거리

타는 급격히 쇠락하였다. 더군다나 독립운동 중에 불거져 나온 힌두와 무슬림의 갈등은 파키스탄으로 분리 독립되면서 400만 명에 이르는 난민들이 밀려들면서 콜카타는 빈민가로 변하게 되었다.

영국 식민지 시대 콜카타가 행정의 중심지였을 때 비비디 박BBD Bagh은 권력의 중심부로 기능한 곳이다. 대인도 식민지 침탈의 거점이 된 영국 동인도회사가 이 지역에 있었고, 지금도 웨스트 벵갈 주의 정부청사들이 몰려 있는 곳으로 유럽풍 식민 유산의 건축물들을 만나볼 수 있다. 주요 건물로는 동인도회사 서기관 건물 Writers' Building(1880년), 중앙우체국 General Post Office (1868년), 고등법원 High Court(1864~1872년), 세인트 앤드류 교회 St. Andrews Church (1815년), 타운 홀 Town Hall(1814년) 등이 남아 있다.

서기관 건물(Wright' Building, 1880년)

새인트 앤드류 교회(St. Andrews Church, 1815년)

중앙우체국(General Post Office, 1868년)

고등법원(High Court, 1864~1872년)

위대한 연민의 승리자, 마더 테레사
사리 3벌과 5루피의 승리

타고르 못지않게 인도의 위대한 정신
적 스승은 마더 테레사Mother Teresa
(1910~1997)일 것이다. 콜카타 시내에서
멀지 않은 곳에 위치한 '죽음을 기다리
는 집.' 여전히 이곳은 마더 테레사의
계승자들에 의해 운영되고 있었다.

우리가 그곳으로 들어갔을 때 받은
충격은 어떻게 설명해야 할까. 많은 방
문객들의 이야기를 통해 이곳에 대한
실상을 듣고 있었지만, 막상 그 안에서
죽어가는 사람들을 보면서 과연 인간
답게 죽는다는 것이 무엇인지에 대해
생각해본다.

"나를 위로해줄 한 사람을 찾았지
만, 그를 찾을 수 없었기에 내가 그 한

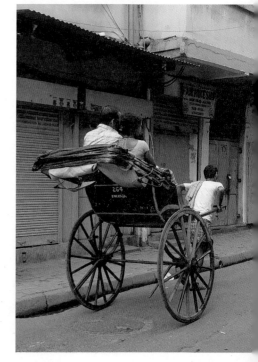

콜카타 거리의 인력거

콜카타 거리의 빈민가 사람들

사람이 되기로 했다.”

마더 테레사의 한 마디가 생각난다. 감동적인 말이다. 느낀 사람만이 실천할 수 있는 것이다.

1910년 알바니아에서 태어난 미디 테레사는 18세에 콜카타로 왔다. 가난한 사람들 중에서도 가장 가난한 사람들을 돌보는 그녀의 선교적 삶은 마침내 인도에서 우뚝 섰다. 콜카타의 수녀원에서 거의 20년을 보낸 후, 그녀는 지리와 교리문답을 가르쳤다. 그리고 다르질링으로의 기차 여행 중 그녀는 ‘부름’을 받아들였다고 한다. 그녀는 인도 전통 의상인 사리 3벌과 5루피를 가지고 죽어가는 사람들을 돌보기 시작했다.

무엇보다도 그녀의 가장 큰 관심은 아직 태어나지 않은 아이였다. 1979년 노벨평화상 수상연설에서 그녀는 낙태주의자들을 ‘살인자’라고 맹렬히 비난했고, 이 공격 때문에 페미니스트들로부터는 ‘종교적 제국주의자’라는 비난을 받았다. 하지만 아직까지도 대부분의 사람들에게 마더 테레사는 신비의 분위기에 싸여 있는 것이 사실이다.

"그녀에 대한 특별한 것은 없다. 그녀는 단순한 수녀일 뿐이다. 그녀는 매우 친절하고, 풍부한 유머를 가지고 있었다."

아마도 이것이 그녀에 대한 이야기의 전부일 것이다. 우리는 오늘날 신념과 연민과 훌륭한 일을 가지고 보통 소녀가 20세기의 가장 특별한 여성이 되었던 역사를 살펴볼 수 있다. 그녀는 정신을 위해 살았던 위대한 산증인이 되었다. 그녀는 가난한 사람들 중에서도 가장 가난한 사람들의 어머니로서 일생을 보내고 1997년 위대한 축복 속에서 생을 마감했다.

갠지스 강을 바라보며
바라나시, 삶과 죽음의 현장에서

한 번은 고대사를 가르치는 인도 교수님 댁을 방문한 적이 있었다. 박사과정을 끝마친 한국 학생이 감사의 뜻으로 유무선 전화기를 선물했는데, 그 작동 방법을 몰라 한국 학생을 찾던 중 나에게 의뢰가 들어왔다. 기계에 대해서는 젬병인지라 머뭇거리다가 그래 봤자 기계겠지 하는 생각에 일단 살펴보자고 했다. 한 시간 정도 고생한 보람이 있어서인지 전화기는 제대로 작동되었다.

이 일로 알게 된 그 교수님은 학계에서는 꽤 유명한 분으로 나는 그분과 인도의 현실에 대해 많은 대화를 나눌 수 있었다. 공부를 마치고 고국으로 돌아가기 전에 바라나시Varanasi를 보고 싶다고 하니까 그 교수님은 의외의 반응을 보이셨다. 외국인에게 너무나 유명한 곳으로 알려진 이 신성한 도시에 대해 인도 지식층은 별 반응이 없었다. 한 마디로 지저분한 곳에 뭣 하러 가느냐는 것이었다.

어쨌든 전설처럼 떠도는 신성한 도시 바라나시에 나도 결국 오게 되었다. 우리의 젊은이들과 지식층, 그리고 외국인들을 들뜨게 만든다는 바라나시. 여기에서 나는 우리 젊은 여행자들을 만났다.

모든 여행자들이 꿈꾸는 바라나시 갠지스 강 풍경

"어때요, 이곳은?"

"저는 이곳을 아주 좋아해요."

"왜요?"

"그냥 갠지스 강을 바라보고 있으면 좋아요. 여기 있는 사람들을 바라보는 것도 좋고요."

"인도여행은 얼마나 오래 됐나요?"

"저희는 인도여행이 두 번째예요. 서울에는 6개월 후에 돌아갈 예정입니다."

"힘들지 않나요?"

"아니요. 여행은 우리에게 새로운 기쁨을 느끼게 하죠."

그동안 열심히 일해서 번 돈으로 여행을 하고 있다는 젊은이들은 나를 버닝 가트Burning ghat(화장터) 쪽으로 안내해주고는 오던 길로 발길을 돌려 사라졌다.

오래전에 본 영화 한 편이 생각난다. 〈안개 속의 풍경〉이라는 그리스 영화였다. 두 어린 남매가 한 번도 본 적 없는 아버지를 찾아 여행을 시작한다. 그들에게 아버지는 절망이자 희망의 존재이다. 그들을 위해 한 번도 존재한 적이 없었던 아버지의 존재는 분명 그들에게 절망의 이름이지만, 그 절망을 찾아 나서는 그들의 여행은 희망의 여행이 된다. 두 어린 남매는 말한다.

"그러나 우린 행복해요. 우린 여행하고 있으니까."

모든 게 너무 빨리 지나가고 세상은 그들의 희망에 아무런 반응도 보여주지 않는데도 그들은 희망을 말한다.

"안 보이니? 안개 속에 멀리 있는……나무가 보이지 않니?"

바라나시 버닝 가트에서 행해지는 화장 장면. 마니카르니카 가트(Manikarnika Ghat)는 가장 오래된 가트이며, 가장 신성한 가트로 여겨진다. 이곳에서는 매일 시체 태우는 일이 행해진다.

당신은 보았는가? 안개 자욱한 풍경을 헤치고 언덕 위의 나무를 향해 걸어가는 두 남매를. 어떤 사람들은 그들을 보았다고 말해주었다. 어떤 사람들은 그들을 보지 못했다고 말해주었다. 그 아름다운 풍경을.

갠지스 강을 사이에 두고 버닝 가트에서는 매일 시신을 태우는 행위가 계속되고 있다. 우리의 매장 풍습과는 달리 이 풍습은 고대 베다 시대부터 굳어진 독특한 힌두인의 죽음을 받아들이는 풍습이다. 몇몇 외국인들이 거기에 있었다. 우리는 한참 동안 화장터에서 타고 있는 시체더미를 바라보고 있었다.

'저 외국인은 이 독특한 죽음의 방식을 어떻게 생각하고 있을까?'

인도 교수님의 그 무관심한 표정이 다시 생각났다. 그들에게는 아무 의미 없는 일상사가 외국인에게는 마치 구원이라도 된다는 것이 이해할 수 없는 일이리라. 그것이 의미가 있든 없든 외국인들은 계속해서 이곳을 찾아올 것

이른 아침의 갠지스 강

이고, 그들 나름대로 여기에서 해방의 공간을 느낄 것이다. 그리고 이를 이용해 장사꾼들은 부지런히 돈을 벌 것이다.

생사(生死) 길은
예 있으매 두려워하여
나는 간다 말도
못다 이르고 가는가.
어느 가을 이른 바람에
이에 저에 떨어질 잎같이
한 가지에 나고
가는 곳 모르는구나.
아으 미타찰에 만날 나
도 닦아 기다리련다.

(양주동 해석)

월명스님이 죽은 누이의 명복을 비는 향가 '제망매가祭亡妹歌'가 떠올랐다. 결국은 우리 모두 사라지는 존재라는 것만이 진실인가. 바라나시 화장터에서 누군가가 또 사라지고 있었다.

보리수나무 그늘 아래에서
고통과 무자비함을 갈아엎은 혁명가

보드가야Bodh Gaya의 오월의 대평원은 한
마디로 고즈녁했다. 부처님이 이곳 보리수나
무 그늘 아래에서 깨달음을 얻었다기에 인도
에 오자마자 벼르고 있었는데, 이렇게 마지막
여행지가 되고 말았다. 부처가 성도成道한 자리
에는 스투파가 아닌 불상을 안치한 고층탑이
건설되었는데, 이것이 대정사 마하보디 사원
Mahabodli Vihara이다. 굽타시대(5~6세기)에 창설되
었을 것으로 추정하며, 높이 약 52미터에 이르
고 있다. 사원을 빙 둘러 인간의 모습을 한 부
처의 성상들이 벽감 안에 위치해 있으며, 작은
사리탑들로 채워져 있다. 그리고 서쪽 코너에
재단과 함께 부처님의 보리수나무를 재현해놓
았다.

또한 이곳에는 중국, 일본, 미얀마, 태국, 티

마하보디 사원

부처님 발자국에 헌화

베트 등 각국 나라의 사찰들이 한 곳에 모여 있어 그 특징을 비교해보는 것도 흥미로울 뿐 아니라, 겨울 한철에는 성대하게 불교인들의 축제가 열린다고 한다. 이 불교 축제에 참여하기 위해 연중 성지순례단이 끊이지 않는 곳이다.

히지민 이 지역은 인도에서 가장 가난한 비하르 주에 속해 있어 위험하기도 하다. 모든 여행자들이 가장 적응하기 힘들다고 푸념하는 곳이 인도의 비하르 지역이다. 아마도 인간 사회의 가장 큰 모순은 부자와 가난한 자의 문제이리라. 비하르는 이러한 극단적 모순 속에 있는 가장 척박한 땅이다. 이 가장 낮은 땅에서 부처는 인간 존재의 깨달음을 얻었다. 아이러니다.

절망 속에서 깨달은 인간 존재의 희망. 그것이 바로 부처의 위대함이리라. 오늘도 이 위대한 성인을 따르는 것은 희망의 이름을 믿는 사람들의 간절함 때문이리라. 아마도 절망이 있었기에 그 동안의 고통과 무자비함을 기억하는 것이리라. 절망의 끝이 절망이 아니도록 하라. 절망의 끝이 새로운 이름이도록 하라. 그러기 위해 이 고통과 무자비함과 싸워라. 그래서 새로운 이름의 땅을 일구어라. 이 굳어버린 땅을 갈아엎지 않고는 새로운 씨앗을 뿌릴 수 없다. 부처는 이 척박한 땅을 갈아엎어 새로운 씨앗을 뿌린 그 시대의 혁명가였다.

부처님이 깨달음을 얻었다는 보리수나무 그늘에서 잠시 지친 몸과 마음을 풀어본다. 무작정의 떠돎과 방황이 깨달음은 아니리라. 그것의 진정한 뿌리가 없다면 이는 다만 헛수고일 뿐이리라. 뿌리와 열매. 현실에서의 튼튼한 뿌리를 가지지 못하면 내가 원하는 열매를 얻을 수 없다. 반면, 내가 원하는 열매가 무엇인지도 모른 채 남의 땅에 내 뿌

사원 뒤편에 세워진 거대한 부처상.
보리수나무 아래 수행할 때 취했던 자세로 손은 '선정인'을 하고 있다. 잡념을 버리고 마음의 평정을 얻기 위한 자세다.

리를 내리고 싶지도 않다. 언제나 이상과 현실의 갈등이 나를 힘들게 했다. 뚜렷한 이상이 그려지지도 않았고, 그렇다고 튼튼한 현실도 만들지 못했다. 아마도 떠도는 사람들은 모두 이러한 자기 모순과의 싸움 속에서 자신을 찾기 원하는지도 모른다. 그 하나를 찾는다면 좀 더 풍성한 나무로 성장할 수 있을 텐데 말이다. 그리고 아낌없이 자신을 내줄 수도 있을 것이다. 그러지 못해서 삶이 항상 불안했다. 자신의 무게를 나르는 일상이 항상 힘에 겨웠다.

이 넉넉한 보리수나무에 기대어 존재의 힘겨움을 내려놓는다. 오월의 고즈넉함. 이것만으로도 충분하다. 오랫동안 느껴보지 못했던 만족을 이 한 그루의 보리수나무가 주고 있구나. 부처님의 땅은 그래서 더욱 그리워진다. 언제라도 지친 나를 편안하게 맞아줄 부처님의 땅! 아, 나의 열반의 땅이여!

무엇보다도 내가 이곳을 잊지 못하고 오래 기억하는 것은 한 소녀와 관련되어 있다. 바라나시에서 만난 여행자는 나에게 보드가야에 한국 요리를 맛있게 하는 여인숙이 있다고 소개해주었다. 나는 한국 요리라는 한 마디에 '보드베가스'라는 여인숙을 찾게 되었는데, 이 소녀는 여인숙 집의 딸이다. 부처의 마음을 닮은 그 작은 소녀는 나에게 커다란 사랑을 준 보살이다.

보드가야를 끝으로 인도에서의 모든 여행을 마치고 돌아가려고 할 때 소녀는 나를 불러 세웠다. 나의 여행용 가방은 오랜 여행으로 한쪽 귀퉁이가 뜯겨져 있었고, 소녀는 이것을 보았던 것이다. 소녀는 실과 바늘을 가지고 와서는

마하보디 사원 서편에 있는 보리수나무.
이 보리수나무 아래에서 부처가 깨달음을 얻었다고 전해진다.

고사리 같은 작은 손으로 내 가방을 손수 꿰매주었다. 주인 된 도리를 다하겠다는 소녀의 마음 씀씀이 때문에 차마 실과 바늘을 달라고 할 수 없었다. 다음에 올 때 또 들르겠다는 말만 남긴 채 나는 열반의 땅을 떠나왔다.

이제 모든 여행을 끝내고 다시 델리로 돌아간다. 두 번째 밀레니엄에 떠난 인도여행을 나 이제 정리해야 하리라. 나, 무엇을 보았고, 무엇을 느꼈는가. 시간이 지나면 나의 보리수를 보게 되겠지. 지금은 기다림의 시간이다.

언젠가 안티아는 나에게 짧게 속삭여주었다.

"우리는 미래에 우리의 모습을 알게 될 거야. 기다려."

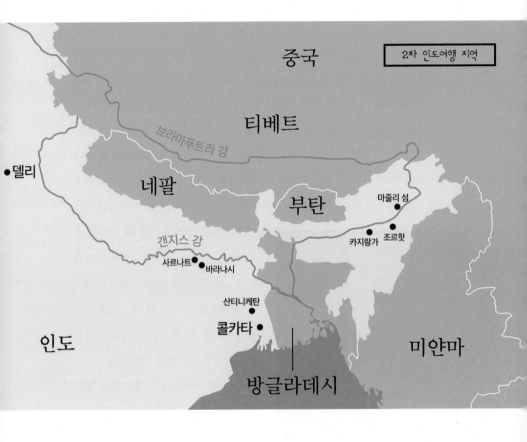

산스크리트로 '성자聖者의 자식'이라는 뜻을 가진 브라마푸트라 강은 중국 티
베트 고원에 있는 카일라스 산맥에서 발원하여 인도의 아삼 지방을 지나 갠지스
강과 합류하면서 광활한 삼각주를 형성하면서 벵골만으로 흘러간다. 그리고 갠
지스 강은 중부 히말라야 산맥에서 발원하여 남쪽으로 흘러 델리 북쪽에 있는
하르드와르 부근에서 힌두스탄 평야로 흘러들어간다. 남쪽으로만 흐르는 물줄
기는 바라나시에 와서 북쪽으로 꺾여 그 모양이 초승달이다. 이것은 지정학적
신성성으로 받아들여졌고, 죽음의 방향에서 재생의 방향으로 나아간다고 여겼기
때문에 갠지스 강은 오랫동안 '성스러운 강으로 숭앙되었다.

4

두 번째 인도여행
··· 성자의 강을 따라서 ···

다시 갠지스 강으로
죽음을 위로하는 시간

아침 6시. 어디선가 확성기를 타고 애잔한 음률의 노랫소리가 들려온다. 잠든 이를 깨우는 영혼의 목소리처럼 들린다. 갠지스 강 일출을 보려면 서둘러야 한다. 바라나시는 1년 내내 수많은 방문객으로 넘쳐나기 때문이다. 어젯밤에도 수많은 인파로 인해 간신히 가트ghat(땅과 강을 연결해주는 계단)를 빠져나왔다. 어둠이 내린 가트 한 쪽에서 어느 이름 모르는 이의 화장火葬이 진행 중이었다. 또 다른 가트에서는 죽은 자를 위로하는 푸자puja(제사 의식) 의식이 화려한 불꽃 축제처럼 열렸다. 소란스러웠던 밤의 풍경을 지워내고 아무 일 없었다는 듯이 붉은 해가 강물 속에서 떠오르면 비로소 갠지스 강의 아침이 시작된다.

인도를 방문하는 이들이 꼭 한 번 오고 싶어 하는 곳. 인도를 다시 방문한다면 다시 한 번 오고 싶어 하는 곳. 나 역시 두 번째 인도여행에서 바라나시를 다시 보고 싶었다. 삶과 죽음이 하나인 곳. 타인의 죽음을 눈앞에서 목격하는 곳. 활활 타오르는 장작더미를 바라보고 있노라면 이름 모를 이의 죽음이 나의 죽음으로 받아들여진다. 화장을 기다리고 있는 시신은 어느새 나 자신의 주검이 되어 내 죽음의 현장을 지켜보고 있는 환영을 만들어낸다. 마치

아르티 푸자(Arti Puja) 의식이 진행되는 다샤스와메드 가트(Dashashwamedh Ghat).
이곳에서는 매일 아침저녁으로 죽은 자를 위로하는 푸자 의식이 행해지고, 수많은 인파가 모인다.

화장이 끝난 이른 아침의 마니카르니카 가트(Manikarnika Ghat) 풍경

한 줌의 재가 된 영혼은 강물 위로, 바람 속으로 흩어진다.

유체이탈의 환영과 같다. 지금 죽은 이를 위해 애도의 시간을 가진다. 언젠가 죽어야 할 모든 살아 있는 우리 자신에게도 애도의 시간을 가진다. 그래서 삶과 죽음이 하나는 되는 곳. 타인이 내 자신이 되는 곳. 바로 이곳 갠지스 강 화장터이다.

육체와 영혼의 문제는 오랫동안 인류의 관심사였다. 서양에서는 매장과 화장이 공존하다가 기독교 전파 이후 매장 풍습이 주를 이루었다. 동양에서는 인도의 불교 전파 이후 화장 풍습이 유래하여 오늘날에 이르고 있다. 오늘날에는 종교의 문제라기보다는 묘지 면적의 절대적 부족이라는 현실로 인해 화장이 일반적이다. 나의 죽음 또한 화장을 따를 것이 확실하다. 종교적 관점에서 보면 다음 세상으로 가는 길을 자유롭게 하기 위해 육체의 짐마저도 다 태워야 한다. 시신은 장작더미 위에서 활활 타올라 6시간이 지나면 한 줌의 재로 남는다. 한 줌의 재가 되어 강물 위로, 바람 속으로 훨훨 날아갈

바라나시에서 만난 힌두 사두

수 있어야 한다. 내 모든 삶의 흔적을 지우고 사라지는 일은 살아남은 자들을 위한 배려일까, 아니면 복수일까.

　바라나시는 인도의 가장 오래된 도시 중 하나로 본래는 카시Kadhi(빛의 도시)로 불렸다. 불교 문헌인 《자카타》에서는 이 지역 최초 왕국의 이름이 카시이고, 바라나시는 이 왕국의 수도였다고 전한다. 인도의 문헌 《푸라나Purāṇa》(산스크리트어로 '오래된 이야기'를 의미함)에서는 이 도시가 바루나Varuna와 아씨Assi 강 사이에 있어 바라나시Varanasi로 불렸다고 한다. 이 오래된 문헌들로 추정해보면 바라나시는 3000년 이상의 역사를 가지고 있다. 이곳에서 힌두교의 전신인 고대 베다 종교가 탄생했고, 농업·무역·상업·예술 등이 발달했다. 4~5세기에는 힌두 르네상스의 황금기를 연 굽타 왕조가 이곳에서 전성기를 맞이하기도 했다.

여행객에게 바라나시가 유명한 것은 이곳을 흐르는 갠지스 강(강가Ganga라고도 함) 때문이다. 히말라야 산맥에서 발원하여 남쪽으로만 흐르는 물줄기는 바라나시에 와서 북쪽으로 꺾여 동쪽의 벵골 만으로 흐르는데, 그 모양이 초승달이다. 이것은 지정학적 신성성으로 받아들여졌고, 죽음의 방향에서 재생의 방향으로 나아간다고 여겼기 때문에 오랫동안 '성스러운 강'으로 숭앙되었다.

고대부터 이어져온 갠지스 강에 대한 믿음은 이곳을 힌두 성지로 만들었다. 84개의 가트를 중심으로 사원, 성소, 주거지 등이 집결되면서 미로와 같은 도시를 형성하였다. 그중 아씨, 다샤스슈와메드, 마니카르니카, 판차강가 가트 등이 유명한데, 인도인들은 이곳에서 목욕의례를 하거나 화장을 하면 죄가 씻기고 해탈을 한다고 믿었다.

오늘날도 이러한 믿음은 계속되고 있다. 바라나시는 힌두들에게 최고의 성지이며, 순례자들의 행진이 끊임없이 이어진다. 1년 365일 강가 주변에서

갠지스 강에서 빨래하는 사람들

오래된 도시 바라나시의 가트 풍경

는 크고 작은 의례와 종교 행사 등이 열리기 때문에 인도 고유의 힌두 문화를 보려는 여행객들에게 바라나시는 인도 여행의 시작이자 끝이다. 하지만 역설적이게도 정신에 있어 오염의 정화와 해탈의 달성은 현실에 있어 강과 도시의 오염으로 나타났다. 좁은 도로, 이끼 낀 건물, 낙후된 배수시설, 위생관념의 부재, 혼잡한 교통, 귀를 찢는 듯한 경적소리 등 바라나시는 인도에서 최악의 도시로도 유명하다. 과거 빛의 도시로서의 영광은 오늘날 오염의 도시로의 불명예를 뒤집어썼다. 과연 이 오래된 도시는 자신의 명예를 회복할 수 있을까?

그럼에도 바라나시의 갠지스 강은 은유의 강이다. 갠지스 강을 따라 끊임없이 시간이 흐르고, 흘러가는 시간만큼 우리의 삶과 죽음도 함께 흘러가니까. 흐르는 대로 모두 내려놓아야 비로소 보이는 강이다.

자신의 긴 머리카락으로 갠지스 강을 내려오게 하는 시바 신 (1740년)

▌옛날에 바기라타 왕에게는 저주로 인해 불에 타 죽은 선조들이 있었다. 그들의 죄를 용서 받기 위해 그는 천상에 흐르며 모든 죄를 씻어주는 갠지스(강가) 여신에게 기도하여 지상으로 내려와 줄 것을 부탁드렸다. 갠지스 여신이 부탁을 거절하자 그는 바늘로 된 방석에 앉고, 뜨거운 숯불을 걸어 다니며 수천 년에 걸쳐 혹독한 고행을 행한다. 마침내 갠지스 여신이 감응하여 하늘에서 지상을 내려오게 되는데, 그 힘이 너무 대단하여 지상의 모든 것을 쓸어버릴 기세였다. 그때 시바 신이 자신의 긴 머리카락으로 휘감아 서서히 내려가도록 하였다. 그래서 사람들은 갠지스 강을 시바 신의 머리에서 흘러나왔다고 한다. 그런 신성한 강에 몸을 씻으면 전생의 죄가 사라지고 윤회에서 벗어날 수 있다고 한다.

최초의 설법지, 사르나트
불교는 인도에서 왜 사라졌을까?

바라나시에서 북쪽으로 10킬로미터 떨어진 사르나트samat는 흔히 녹야원鹿野園(사슴 동산)으로 알려져 있다. 이곳은 부처가 35세에 깨달음을 얻은 후 다섯 제자에게 처음으로 법을 전한 초전법륜지이다. 부처가 탄생한 룸비니, 깨달음을 얻은 보드가야, 열반에 든 쿠시나가라와 함께 이곳 사르나트는 불교 4대 성지 중 하나이다. 인도는 불교의 탄생지이자 불교를 세계 종교로 만든 곳이지만, 현재 인도에서 불교 유적지나 불교 신자를 찾기는 쉽지 않다. 주로 북인도와 네팔 지역에 그 면면이 남아 있을 뿐이다.

사르나트에는 아소카 왕(기원전 3세기 중엽)이 부처 열반 후 250년 후에 세웠다는 직경 28미터, 높이 34미터에 이르는 다메크 탑Dhamekh Stupa으로 유명하다. 처음 스투파가 세워진 아소카 왕 당시에는 규모가 크지는 않았고, 굽타 왕조 때 현재의 모습으로 증축되었다고 한다. 또한

등을 맞대고 있는 네 마리 사자상
(기원전 260년, 고고학박물관)

'진리를 본다'는 뜻을 가진 다메크 탑

이곳에서 15미터에 달하는 아소카 왕 석주도 발견되었는데, 이슬람에 의해 파괴되어 동강난 기단은 사르나트 유적지 유리관 속에 보관되어 있고, 인도 국가 문장紋章의 상징인 등을 맞댄 네 마리 사자상은 사르나트 고고학박물관 에 보관되어 있다.

이 거대한 탑을 바라보고 있으니 인도에서 왜 불교가 사라졌는지 궁금해 진다. 불교는 지금으로부터 약 2600년 전, 그러니까 기원전 566년에서 484년 사이에 석가모니 부처가 창시하였다. 흔히 종교가 되기 위해서는 세 가지 요 소, 즉 교주, 교리, 교단이 갖추어져야 한다고 말한다. 깨달은 인간 부처는 이곳 사르나트에서 다섯 제자에게 법을 전함으로써 교단을 형성하였다. 그리 고 부처의 열반 후 100~200년이 지나서 불교는 아소카 대왕에 의해 국가 통 치 이념이 되어 인도뿐 아니라 세계로 전파되었다.

당시 아소카는 인도 최초의 통일 국가인 마우리아 왕조의 3대 왕으로 수

많은 정복 전쟁을 통해 영토를 넓혀 나갔지만, 칼링가 전투 전후(기원전 260경)로 전쟁의 비참함을 깨닫고 평화의 종교인 불교에 귀의하였다. 남서부의 타밀Tamil 지역을 제외하고 전 인도를 통일한 아소카 왕은 다르마(사회 도덕률)에 의한 정치를 실현했고, 불교 교단을 보호하고 불탑을 세우는 등 불교 포교에 힘써 불교가 세계적인 종교로 발전하는 기반을 조성하였다. 이러한 종교의 세계화는 기독교나 다른 종교의 탄생에도 영향을 끼쳐 벤치마킹(참고할 사례를 통해 필요한 전략을 세우는 일)이 되었다고 본다.

하지만 아소카 사후에 마우리아 왕조는 분열과 쇠퇴의 길을 걸었고, 이와 함께 불교도 서기 1세기를 전후로 전성기를 누리다가 8, 9세기경에 쇠퇴하기 시작하여 13세기경에는 인도에서 완전히 사라져버렸다. 학자들에 따르면, 그 이유에 대해 힌두교의 부흥, 이슬람의 침입, 그리고 불교 교단의 내부 문제(무아 개념, 믿음의 문제) 등으로 보고 있다.

이슬람에 의해 파괴되어 동강난 아소카 석주가 유리관 속에 보관되어 있다.

가운데 원형의 자리는 다마라지카 스투파(Dhamarajika Stupa) 유적으로 부처의 사리를 보관하던 곳이다.
1794년 바라나시의 지배자가 이 탑의 벽돌로 궁궐을 건립하는 바람에 파괴되었다.

    인도에 대해 잘 모르는 이들 중에는 불교가 인도에서 탄생한 이유로 인해
불교를 힌두교의 아류 정도로 보곤 한다. 물론 인도인들은 힌두교 비슈누 신
의 아홉 번째 화신으로 부처를 위치시키고 있다. 하지만 힌두교와 불교는 근
본적으로 다른 개념을 가지고 있다. 그것은 '아我'와 '무아無我'에 대한 대립
개념으로 나타난다.

    불교가 왕성하던 시기에 아리족의 고대 종교였던 브란만교(베다교)는 우주
의 근본 원리인 브라만Brahman(梵)과 개인의 본체인 아트만atman(我)이 동일하다
는 후기 베다 시대 우파니샤드의 '범아일여梵我一如' 사상을 그 중심에 놓았다.
윤회輪回와 업業, 해탈解脫을 제시했으며, 이러한 개념은 불교를 비롯해 인도의
모든 종교에서 근본 개념으로 수용되었다. 그러나 1세기부터 3세기까지 불교
에 밀려 쇠퇴하다가 4세기경 민간인들 사이에서 믿고 있던 여러 토착 종교를
결합해 비슈누와 시바를 최고신로 하는 힌두교로 발전하였다. 말하자면 힌두

교에서는 나(我)를 밀어붙여 신(梵)과 대등한 위치에 놓았다면, 불교는 나를 소멸시킴으로써(無我) 아트만(我)을 부정한 것이다. 그러니 불교와 힌두교는 그 근본에서 완전히 다른 종교나. 또한 힌두교가 브라만, 크샤트리아, 바이샤, 수드라로 나눈 계급제도를 받아들인 반면, 불교는 만민평등을 외치면서 이 카스트제도를 거부했다.

아소카 대왕 사후 기원전 2세기에서 기원전 1세기에 불교는 브라만교를 신봉하는 힌두 왕권인 숭가 왕조에 의해 대대적인 탄압을 받게 된다. 경전은 불태워지고 불탑과 사찰 등은 파괴되었으며 승려들은 학살되었다고 한다. 8세기 사상카Sasanka 왕은 불교의 성지였던 보드가야와 쿠시나가르 등을 파괴함으로써 힌두교를 비호했다.

북인도는 항상 이민족의 침입을 받아온 곳이다. 986년 이슬람교도들이 인도를 침입함으로써 인도 역사는 새로운 국면을 맞이하였다. 13세기경 이슬람 세력은 우상숭배라는 이유로 힌두교 사원과 불교 사원에 무차별적으로 파괴를 자행했고, 살아남은 승려들은 네팔이나 티베트 등으로 피난하였다. 그 결과 불교는 인도에서 자취를 감추게 되었다.

외적 요인 외에도 불교 자체의 내적 요인에서 그 원인을 찾기도 한다. 왜냐하면 힌두교와 자이나교는 이슬람의 침입에도 살아남았기 때문이다. 무엇보다도 불교 승려들은 종교적 수행과 고답적 이론에만 몰두하면서 점점 대중에게서 멀어졌고, 그 자리를 힌두교 사제들이 맡게 되었다. 외적의 침략으로 상부구조가 무너졌다면, 재정적으로 대중들의 지원을 받지 못하면서 하부구조까지 무너지자 더 이상 인도에서는 그 명맥을 유지할 수 없었던 것이다. 불교의 사라짐에 대해서 많은 생각을 하게 하는 부분이다.

믿음보다 지혜를 추구한 불교
부처의 깨달음은 무엇이었을까?

설법하는 부처상.
이 조각상 아래쪽에는 부처의 다섯 도반과 두 마리 사슴이 조각
되어 있다. 불교에서는 부처의 설법을 '전법륜'이라고 하고, 그때
의 수인을 '전법륜인'이라고 한다.

바라나시에서 사르나트까지는 10킬로
미터 정도 떨어져 있다. 사르나트로 가는
길에 잠깐 들러보기에 좋은 사원이 있다.
현대 불교의 대중화에 힘쓴 스리랑카의
마하보디 소사이어티에서 운영하는 물간
다 쿠티 비하르Mulgandha Kuti Vihar 사원으
로 1931년 세워졌다. 이곳에 모셔진 '설
법하는 부처상'은 사르나트 고고학박물
관에 있는 원본을 모사한 것이다. 사원의
벽면에는 부처의 생애를 프레스코화로
그린 그림들로 가득 차 있다. 일본인 화
가 고세츠 노시Kosetsu Nosi가 그린 그림이
라고 하는데, 현대 불교 회화 중 가장 인
상적인 그림이라고 평가하고 있다. 물론
이 그림을 통해 부처의 생애를 간략하게

나마 접할 수 있는 기회를 주니 확실히 불교 대중화에도 영향을 미치고 있을 것이다.

사르나트의 물간다 쿠티 비하르 사원

대부분의 종교에서는 믿음의 문제를 중요시한다. 이슬람교는 '나(알라 신) 이외의 다른 신을 믿지 말라'고 말하며, 기독교는 '오직 유일하고 전능하신 하느님'을 강조하여 일신론적 유신론을 펼침으로써 믿음의 절대성을 강조하였다. 그러나 불교는 다신교적 세계를 건너오면서 신앙의 불합리함이나 미신적 요소를 비판하고, 맹목적이라기보다는 합리적 이성에 의한 철학적 논거들을 제시하였다. 불교는 출발부터 브란만교의 절대성에 비판적이었기에 종교보다는 철학에 가까울 수밖에 없었다. 믿음보다는 지혜를 중요시했다.

그렇다면 보리수나무 아래에서 부처가 깨달은 것은 무엇이었을까? 그가 말하려는 지혜는 무엇이었을까? 부처는 깨달음을 얻고 나서 며칠 동안 즐거움에 앉아 있었는데, 그때 한 브라만 승려가 다가와 말했다.

"진정한 브라만과 고귀한 사람이 되기 위해 사람은 어떤 특성을 가져야 합니까?"

부처는 말하기를, "진정한 부처는 모든 악한 것을 포기해야 합니다. 그는 모든 독단을 포기해야 하며, 모든 것을 이해하려고 노력해야 하며, 청정한 삶을 실천해야 합니다."

부처가 깨달음을 얻고 처음으로 법(가르침)을 전하기 위해 생각한 사람은 이전에 함께 고행했던 다섯 도반이었다. 그들이 350미터나 떨어진 사르나트에

산다는 것을 알고는 발길을 돌렸다. 사르나트에서 다섯 도반을 만난 부처는 그들에게 네 가지 고귀한 진리인 '사성제四聖諦'를 가르쳤다. 이 법을 불교에서는 '초천법륜初轉法輪'이라고 한다.

"괴로움이라고 하는 진리(苦諦)가 있다. 태어나는 것도 괴로움이며, 늙는 것도 괴로움이며, 병을 앓는 것도 괴로움이며, 죽는 것도 괴로움이다. 근심과 걱정과 슬픔과 안타까움도 괴로움이다. 미워하는 사람끼리 만나는 것도 괴로움이며, 사랑하는 사람과 헤어지는 것도 괴로움이다. 바라는 것을 얻지 못하는 것도 괴로움이며, 우리의 인생 전부가 괴로움이다.… 괴로움의 근본 뿌리는 나 자신이다. 상대와 우열을 비교하는 생각, 자기중심적인 사랑, 자기가 영원히 살고, 의존적 존재가 아닌 독립적 존재적인 존재로 착각하는 그릇된 생각, 그리고 자기가 진정 누구인지 알지 못하는 무지 때문이다.…"

우파니샤드에서 '아트만'은 영원히 사라지지 않는 불멸이라고 했지만, 오히려 부처는 당시에 믿었을 이 믿음에 대해 문제를 제기하며 새로운 사상을 꿈꾸었다고 볼 수 있다. 그것은 '나'라는 영원한 실체가 과연 있는가에 대한 반기였다. 사르나트에서 부처의 말씀에 귀 기울여보면 좀 더 지혜의 눈을 가질 수 있을 것만 같다.

❦ 사성제(四聖諦) : 사성제 첫 번째는 고통이 존재한다(고성제苦聖諦)는 것이다. 두 번째는 고통의 원인은 집착에서 온다(집성제集聖諦)는 것이다. 세 번째는 고통을 끝내는 것이 가능하다(멸성제滅聖諦)는 것이다. 네 번째는 고통을 끝내기를 원한다면 따라야 하는 길이 있다(도성제道聖諦)는 것이다.
❦ 8정도(八正道) : 열반으로 가기 위한 8가지 바른 길로 도성제에서 제시하는 법이다.
정견(正見: 올바른 견해), 정사正使(올바른 견해에 따라 행하겠다는 각오), 정어正語(거짓말이나 중상모략을 하지 않음), 정업正業(바른 행동), 정명正命(불교의 가르침에 위배되지 않게 사는 것), 정정진正精進(바른 마음으로 가기 위한 수행), 정념正念(욕망과 사념을 버리고 바른 수행으로 나가는 것), 정정正定(바르게 집중하여 명상하는 것)을 말한다.

싯다르타 왕자의 탄생. 기원전 556년에서 430년 사이에 룸비니에서 태어난 싯다르타는 태어나자마자 사방으로 일곱 걸음씩을 걷고 오른손은 하늘, 왼손을 땅을 가리키며, '천상천하유아독존(하늘과 땅에서 오로지 나만이 존귀하다)라고 외쳤다고 한다.

6년간의 고행과 7일간의 좌선으로 깨달음을 얻은 싯다르타. 고행 중 싯다르타는 수많은 유혹을 받았지만, 그의 표정은 평온하기만 하다.

수자타의 공양. 싯다르타와 함께 수행하던 다섯 도반들은 그가 우유죽을 먹는 것을 보고 배신감에 사로잡혀 그의 곁을 떠난다. 왼쪽 위에 그를 따르던 다섯 도반이 그려져 있다. 이후 깨달음을 얻은 부처는 다섯 도반에게 법을 전하기 위해 사르나트로 왔다.

부처는 80세에 쿠시나가르에서 열반에 들었다. 부처는 열반에 들기 전에 슬퍼하는 제자들에게 마지막 가르침을 전해주었다. "헛되이 다른 것에 의지하지 말고 자신을 등불로 삼고 자신을 의지하여라. 모든 것은 덧없으니, 게으르지 말고 부지런히 정진하여라."

홍차의 고향, 아삼
홍차는 어떻게 대중적 음료가 되었을까?

　우리에게 아삼은 차 산지로 알려져 있다. 아삼이 차 산지로 거듭난 것은 영국 식민지 시대 때였다. 19세기 중엽 영국의 동인도회사는 아삼에서 차 재배에 성공함으로써 170여 년 동안 차의 생산을 독점한 중국의 아성을 무너뜨렸다. 그러면 어떻게 홍차가 대중적 음료가 되었는지 차의 세계사를 한 번 살펴보자.

　유럽인들이 동양의 차(차 문화)를 접한 것은 오다 노부나가, 도요토미 히데요시, 도쿠가와 이에야스 등이 패권 다툼을 벌이던 시기인 16세기경 일본에 도착하면서부터였다. 대나무 솔로 차를 저어 마시는(말차) 일본인들의 일상은 서양인들의 눈에 그저 신기한 경외와 동경 그 자체였다. 그리고 이러한 동경은 유럽의 근대사를 바꾸어놓을 정도로 중요한 변화를 가져왔다.

　영국인들은 17세기 중엽에 이르러서야 네덜란드를 통해 차를 수입하다가 1713년 중국과 직접 차 무역을 시작하였다. 처음에 차는 상류 계층 음료인 사치품으로 여겨졌다면, 19세기 중엽 산업혁명과 함께 하층 중산 계층과 노동자에게까지 확산되어 차는 생활 속에서 없어서는 안 되는 필수품이 되었다. 사치품에서 생활필수품으로 변화하면서 차는 '문화'에서 '상품'으

마지막 찻잎 수확이 한창이다. 중간 중간 키 큰 나무는 그늘을 만들어주어 찻잎의 성장을 돕는다.

로 변해갔다.

19세기 초 영국 동인도회사의 수입 품목 가운데 중국차는 100퍼센트를 차지하기에 이르렀고, 이에 차 수입으로 인한 은의 유출로 발생한 은의 부족을 은밀히 아편무역으로 만회하고 있었다. 영국과 중국(당시 청나라)의 무역 갈등이 계속되는 가운데 중국에서 아편 수입으로 은이 대량으로 유출되자 중국은 대대적인 칙령을 내려 아편 거래를 단속하게 되었다. 이에 영국은 그 보복으로 아편전쟁(1839~1842)을 일으켰다. 이 전쟁에서 승리한 영국은 중국과 난징조약을 체결하게 된다. 그 결과 중국은 홍콩을 영국에게 할양하고(1997년 홍콩은 중국에 반환됨), 아편 배상금 21,000만 달러를 지불했으며, 5개의 항구(광둥 · 샤먼 · 푸저우 · 닝보 · 상하이)를 개방하였다. 이는 자본주의적 생산양식으로 변화되던 시점에 차로 인해 세계사가 전환되는 사건이었다.

아편전쟁으로 중국과의 무역에서 유리한 입장에 선 영국의 동인도회사는 중국 차 수입의 독점권으로 상당한 이득을 누렸다. 그런데 중국 무역이 자유화된 후 차를 운반하던 배들 사이에서 경쟁이 벌어졌고, 1860년대 들어 이윤이 높은 차 무역에 외국 선박들이 참여하기 시작하자 영국은 새로운 위협을 느끼지 않을 수 없었다. 결국 영국은 중국에 의존하던 차의 공급을 대체할 새로운 방식을 식민지 인도에서 찾고 있었다.

중국은 170여 년 동안 차 생산을 독점하고 있었다. 당시 중국은 차의 재배와 제다 등 차와 관련된 기술을 일종의 국가 기밀로 취급한 채 공개하지 않았다. 1840년 전후로 영국에서 차는 이미 대중 음료가 되어 있었고, 그 수요를 충당하기 위해 동인도회사는 중국의 차나무와 차 재배법에 관심을 기울였다. 일종의 원천기술에 대한 폭발적 관심이었다. 인도에서 차 재배가 성공한 배경에는 두 가지 이야기가 공존하는 것 같다.

양쪽으로 차밭이 펼쳐져 있는 평화로운 조르핫(Jorhat) 마을 풍경

19세기 중국의 다원. 영국은 중국에 의존하던 차의 공급을 식민지 인도에서 찾음으로써 결국 170년 동안 유지되던 중국의 차 생산에 도전하게 되었다.

첫 번째는 1848년 스코트랜드 출신의 식물학자 로버트 포춘Robert Fortune이 중국으로 건너가 차 종자와 차 재배 기술을 몰래 빼내 왔다는 것이다. 가져 온 종자들은 인도의 동북쪽 다르즐링Darjeeling 지역에 심어 재배에 성공하였다고 한다.

또 하나의 발견은 아삼 지역에서 일어났다. 1823년 아삼의 오지 마을에서 야생차를 발견한 이는 무역에 종사하던 로버트 브루노Robert Burno였다. 그는 발견한 찻잎을 동인도회사 식물새난에 보냈는데, 아삼 시익 차나무의 찻잎(대엽종)이 중국의 찻잎(소엽종)보다 크기가 아주 커서 처음에는 차나무로 인정받지 못했다가 후에 이 찻잎과 중국의 찻잎이 동일한 종으로 분류되었다. 마침내 1839년 아삼에서 본격적으로 차나무를 키우고 차를 만드는 회사가 세워짐으로써 차의 세계사를 완전히 뒤집어 놓았다.

차가 영국인의 대중적 음료로 정착해 가는 과정에서 영국은 녹차보다는 홍차를 선호하였다. 오늘날 영국에서는 세계 홍차의 50퍼센트를 차지할 정도로 영국은 독자적인 '홍차 문화'를 형성하게 된다.

아삼 지역은 차의 생산지답게 녹색의 차밭이 아름답게 펼쳐진 곳으로 유

300년이 넘은 보리수나무의 반얀 글로브(Banyan Grove) 헤리티지

명하다. 영국 식민지 시대에 지배층이나 부호들이 즐겨 찾았던 건물들이 몇몇 남아 있는데, 300여 년이 넘은 보리수나무가 신비롭고 우람한 자태를 뽐내는 반얀 글로브와 함께 텡갈 만오르는 헤리티지 건물로 인정되어 유지되고 있었다. 과거 식민지 시대에 영국인들이 티가 든Tea Garden에서 차를 즐겼을 문화적 공간을 상상하게 하며, 지금은 아삼 여행자들을 위한 숙소로 이용되고 있다. 한편 영국 귀족들을 위한 차밭을 조성하느라 식용 작물 재배지가 줄어들어 흉년이 닥치면 대기근으로 인해 인도의 하층민들이 아사한 비극도 차의 역사와 함께 떠오르곤 한다.

1929년에 세워진 텡갈 만오르(Thengal Manor) 헤리티지

1861년에 아삼의 차 산업은 5개의 공공회사가 160가든, 개인회사가 57가든을 차지했다.

아삼의 차 공장 내부

… 브라마푸트라 강 남쪽의 카지랑가 국립공원…

▌ 아삼의 중심부에 카지랑가 국립공원Kaziranga National Park이 자리 잡고 있다. 1985년 세계 유네스코 자연유산에 등재된 곳이다. 아삼 차밭 기행을 위해 조르핫으로 가기 전에 둘러볼 수 있는 자연공원이다. 인도 동부에서 사람의 손길이 미치지 않은 마지막 지역 중의 하나로 공원에는 멸종 위기에 처한 인도의 동물 약 15종을 비롯하여 코끼리, 호랑이, 표범, 곰 등 수많은 동식물들이 서식하고 있다. 무엇보다도 인도 코뿔소인 외코뿔소의 서식지로 유명하다. 브라마푸트라Brahmaputra 강의 남쪽에 위치해 있고, 개방된 숲은 수많은 작은 호수와 연결되어 있다. 이 지역의 4분의 3 이상이 브라마푸트라 강의 범람으로 매년 물에 잠기고, 강의 침식으로 인해 동물들의 주거 환경에도 영향을 미치고 있다. 지프차를 이용하여 3시간 정도 공원을 둘러보다 보면, 외코뿔소, 물소, 사슴, 코끼리 등과 수많은 새들을 눈앞에서 생생하게 만나볼 수 있다.

카지랑가 국립공원의 사파리 체험에는 지프차를 이용한다.

카지랑가 국립공원에서 서식하는 유명한 외코뿔소

브라마푸트라 강이 만든 습지에서 서식하고 있는 물소 무리

브라마푸트라 강 안의 마줄리 섬
기적 같은 이야기가 전해지는 성자의 섬

아삼 주에 속해 있는 마줄리Majuli 섬은 지리적으로, 그리고 문화적으로 매우 독특한 곳이다. 마줄리 섬은 브라마푸트라Brahmaputra 강 안의 섬으로 자리 잡고 있는데, 이는 강 안의 섬으로는 세계에서 가장 크다. 브라마푸트라는 산스크리트로 '성자聖者의 자식'이라는 뜻으로, 중국 티베트 고원에 있는 카일라스 산맥에서 발원하여 인도의 아삼 지방을 지나 갠지스 강과 합류하면서 광활한 삼각주를 형성하는데, 인더스 강, 갠지스 강과 함께 인도의 3대 강이

브라마푸트라 강

강이 범람하면서 생기는 모래톱. 섬의 점점 깎여 나가고 있음을 보여준다.

자 아시아에서 큰 강들 중 하나이기도 하다. 오래 전에 이 강에 퇴적층이 생겨 만들어진 섬이 마줄리 섬이다.

조르핫에서 배를 타고 마줄리 섬 선착장에 도착하면 의외의 풍경과 마주친다. 끝없이 펼쳐지는 회색의 모래사막 위에 몇몇 가건물로 만들어진 상점 몇 개가 전부다. 이 폐허의 공간은 인류의 원초적 느낌을 전해주는 묘한 매력이 있다. 하지만 이 모래톱들은 강이 범람하면서 생기는 것으로 섬을 황폐화시키는 생존의 위협이다.

캐나다 출신 영화감독 윌리엄 더글러스 맥마스터William Douglas McMaster는 2014년 칸 영화제에 〈포레스트 맨Forest Man〉이라는 영화를 소개한 바 있다. 그는 이 작품으로 '베스트 다큐멘터리' 상을 받았는데, 바로 마줄리 섬에서 일어난 기적 같은 이야기를 영상화한 것이다. 주인공은 마줄리 섬의 미싱족

마줄리 섬의 고요한 아침 풍경

Mising 남자인 자다브 파엥Jadav Payeng. 그는 16세부터 37년 동안 매일 나무를 심어 폐허의 땅을 숲으로 가꾼 '나무의 성자'다.

마줄리 섬은 몬순에는 강이 범람하는 바람에 해마다 거대한 모래톱이 새로 생겨나는 척박한 땅이다. 1979년 16세의 어린 소년은 범람한 강물이 빠져나간 모래톱 위에 셀 수 없이 많은 뱀들의 사체가 나뒹굴고 있는 것을 목격한다. 숲이 없어 그늘을 만들지 못했기 때문에 더위에 말라죽은 것이다. 그 광경에 충격을 받은 소년은 정부와 마을 사람들에게 도움을 구했지만, 모래밭에는 나무가 자랄 수 없다는 대답만을 듣게 된다. 결국 소년은 학교를 그만두고 모래톱에 오두막을 짓고 매일 나무를 심었다. 아무런 도움의 손길이나 관심조차 없었다. 한 그루 한 그루 심은 나무들은 시간이 흘러 거대한 숲으로 변하기 시작했다. 30여 년이 지난 지금은 여의도 면적의 2배(5.5㎢) 정도로 크고, 뉴욕 센트럴 파크 면적보다도 더 큰 규모라고 한다. 사람들은 파엥의 애칭을 따서 이 숲은 '몰라이Molai 숲'이라고 불렀다. 숲이 우거지자 새를 비롯한 코끼리, 코뿔소, 사슴, 호랑이 등 온갖 동물들이 살게 되면서 생태계가 다시 살아났다. 파엥은 지금도 아내와 세 아이들과 함께 거대한 '몰라이의 숲' 한복판에서 나무를 심고 가꾸며 살고 있다. 한 인간의 순수한 마음이 결국 기적을 만든 동화 같은 이야기가 전해지는 마줄리 섬이다.

폐허의 모래사막을 차로 10분쯤 달려가야만 비로소 녹색이 우거진 마줄리 섬 마을의 풍경들과 마주친다. 그리고 이 하나의 풍경에 서로 다른 인종과 부족이 통합되어 있다. 대부분의 마을 인구를 차지하는 미싱족은 수세기 전에 아루나찰 푸라데시에서 이주한 부족이다. 그 외에 데오리족Deori 등이 있으며, 비부족민과 카스트 제도를 피해 이주한 인도의 카스트들이 살고 있다. 그래서 전통 부족민의 삶과 현대 인도인의 삶을 함께 느껴볼 수 있다.

마줄리 마을 입구의 대나무 숲

마줄리 섬 미싱족의 전통 가옥

2층으로 지어진 부족민의 전통 가옥의 아래층에 마련된 베틀. 전통 의상 한 벌 만드는 데 보통 한 달 정도 걸린다고 한다. 미싱족 여인들이 짠 직물들은 현대적이면서도 세련된 색상을 보여준다.

마줄리 섬 물가 어디에서나 볼 수 있는 작은 조각배

전통 고기잡이 그물

비슈누의 현신 크리슈나 신화

마줄리 섬으로 은둔한 비슈누 신의 사제들

지금까지 인도의 많은 지역에서 본 사원들은 주로 파괴의 신 시바에 헌신하는 사원들이 많았다. 바라나시만 해도 시바의 도시답게 시바 신을 위한 사원들로 가득했다. 하지만 문화적으로 마줄리 섬은 보호의 신 비슈누 신에 헌신하는 10여 개의 사트라Satra(사원)가 유명하다. 15세기, 아삼의 성자인 산카르데바Sankardeva와 그의 제자인 마하브데바Madhavdeva는 이곳 마줄리로 은둔하여 우상숭배를 거부하고, 특히 비슈누의 현신인 크리슈나 신에게 헌신하는 독특한 힌두 사원을 세우기 시작했다. 초창기에는 65개의 사원들이 세워졌지만, 현재는 22개의 사원이 운영 중이다. 주요 사원으로는 카마라바리Kamalabari와 부속 사원 우타르까마라바리Uttra Kamalabari, 아우니 아티Auni Ati, 샤마구리Shamaguri 등이 유

우타르 카마라바리 사트라 입구

아우니 아티 사트라 입구

명하다. 대부분의 사원은 야자나무와 어우러져 평화로운 풍경을 보여주며, 사제들의 얼굴은 선함의 자비가 넘쳐 흐른다.

힌두 신화 이야기 중 비슈누 신은 10개의 아바타(화신)을 가지고 있다. 비슈누의 첫 번째 화신은 마트스야(물고기), 두 번째 화신은 쿠르마(거북이), 세 번째 화신은 바라하(멧돼지), 네 번째 화신은 나라싱하(사자인간), 다섯 번째 화신은 바마나(난쟁이), 여섯 번째 화신은 파라슈라마(브라만 은자), 일곱 번째 화신은 라마(라마야나의 주인공 왕자), 여덟 번째 화신은 크리슈나(마하바라타에서 아르주나를 도와 전쟁을 승리로 이끈 조연), 아홉 번째 화신은 부처(고타마 싯다르타), 열 번째 화신은 칼키(아직 세상에 나타나지 않은 구세주)이다. 세상의 질서가 흔들리고 악으로부터 위협 받을 때 다양한 아바타로 나타나 세상을 구해주고 악으로부터 우리를 보호해주는 보호와 유지의 신이다. 힌두 신들 중 가장 자비로운 신이다.

사원 벽면 여러 곳에는 목동의 신으로 알려진 크리슈나 신의 신화 이야기가 그려져 있는 것이 목격된다.

신화에 의하면, 크리슈나(모든 것을 매료시키는 자, '검은' 또는 '구름처럼 어두운'이라는 뜻)의 아버지는 야다바의 왕 바수데바였다. 하지만 자신의 아버지를 가두고 왕위를 빼앗은 마투라의 사악한 왕 캄사에 의해 죽게 될 운명으로 태어났다. 캄사는 자신의 누이동생인 데바키가 낳은 아들에 의해 파멸할 것이라는 예언을 듣고 데바키가 낳은 아이들을 낳자마자 모두 죽인다. 크리슈나는 데바키의 여덟 번째 아들로 태어났다. 다행히 크리슈나는 신들의 도움으로 남몰래 야무나 강 건너 고쿨라로 보내졌으며, 그는 거기서 목동들의 지도자인 난다와 그의 아내 야쇼다에 의해 키워졌다. 이를 눈치 챈 캄사가 목동의 집에 자객을 보내지만 크리슈나를 죽이는 데는 번번이 실패하고 만다.

크리슈나는 어린 시절 비범한 재능을 보여주곤 했는데, 세상의 악귀들과 싸우는가 하면 고바르다나 산을 들어 홍수로부터 목동과 소를 지키는 기적을 행하기도 했다. 성장하여 목동 크리슈나는 피리 부는 모습으로 종종 나타나는데, 목동의 아내와 딸들이 그의 피리 소리를 들으면 숲속으로 달려가 그와 함께 열광적으로 춤을 추기도 했다. 그러한 여인들 가운데 아름다운 라다가

아름다운 문양과 그림으로 장식된 우타르 카마라바리 사트라 신전 입구

사원의 벽면에는 목동 크리슈나와 그의 사랑을 받은 라다가 그려져 있다.

특히 크리슈나의 사랑을 받았다. 성인이 된 크리슈나는 자신의 탄생의 비밀을 알게 되어 마침내 그의 형 발라라마와 함께 마투라로 돌아가 사악한 캄사를 죽이고 외조부와 부모를 구한다. 크리슈나는 야다바족을 이끌어 좀 더 안전한 카티아와르의 서쪽 해안으로 가서 드바르카(지금의 구자라트 주 드와르카)에 도읍을 정하고, 루크미니 공주와 결혼했다고 전한다.

크리슈나와 관련하여 또 다른 이야기는 《마하바라타》(위대한 바라타족 이야기)의 마지막 이야기인 쿠루 평원의 전투에 등장한다. 쿠루 족의 왕이 죽자 드리타라슈트라가 장차 왕위를 계승하는 것이 원칙이었지만, 장님은 왕위를 계승할 수 없다는 관례에 따라 그의 이복동생인 판두가 왕위를 계승하게 된다. 왕이 된 어느 날 사냥을 나갔던 판두는 사슴으로 변하여 사랑을 나누던 성자 칸다마를 활로 쏘게 된다. 이에 칸다마는 판두에게 무시무시한 저주를 내린다.

사제들을 위한 일상생활 공간

"사랑의 순간에는 어떤 누구도 건드리지 않는 법이거늘 너 역시 여인과 잠자리를 하면 그 자리에서 죽게 될 것이다."

판두 왕은 평생 금욕을 하리라 마음을 먹고 이복형인 드리타라슈트라에게 왕권을 맡기고 수행을 떠난다. 그리고 판두의 아내는 죽음과 심판의 신 야마와 결합해서 유디슈티라를 낳고, 바람과 정력의 신 바유와 결합해서 놀라운 힘을 가진 비마를, 신들의 우두머리 인드라에게 기도를 드려서 모든 적을 정복하여 쿠루 가문의 명성을 널리 퍼뜨릴 아르주나를 얻는다. 둘째부인 마드리는 쌍둥이 니콜라와 사하데바를 낳는다. 이들이 판두의 후계자이자 신의 자식들인 판다바 5형제이다. 한편 드리타라슈트라는 정식으로 왕위에 오르고 왕비 간다리는 두르요다나를 포함하여 99명의 아들을 얻게 된다. 이들이 쿠루의 후예로 불리는 카우라바 100형제이다.

어느 봄날, 욕정을 주체하지 못한 판두는 둘째부인 마드리와 사랑을 나누게 되고 칸다마의 저주로 죽음을 맞이한다. 이제 왕위는 판두의 장자인 유디슈트라가 계승해야 하지만, 숙부 드리타라슈트라 왕에게 쫓겨나서 죽음의 고비를 넘긴다. 이후 크리슈나의 조력으로 황무지에 불과했던 땅을 일구어내고, 야무나 강가에 인드라프라사타Indraprastha를 새로운 수도로 건설했다.

하지만 탐욕과 야망의 화신인 두르요다나가 속임수를 쓴 주사위 노름에서 모든 것을 잃는다. 두리요다나는 사촌들의 공동 아내인 두라우파디를 빼앗고 판다바 5형제를 추방해버린다. 맨발로 추방된 판다바 형제들은 12년 동안 숲 속에서 유랑생활을 해야 했고, 다시 1년 동안 숨어 살아야 하는 고초를 겪는다. 그리고 13년째 모든 약속을 지킨 판다바 5형제는 자신들의 왕국을 돌려줄 것을 카우라바 100형제들에게 요청하지만 거절당한다. 결국 갈등은 고조되고 전쟁으로 치닫게 되었다.

카우라바 형제들과 판다바 형제들 사이에 대전쟁이 일어났을 때, 크리슈

아우니 아티 사트라 내부 신전에는 우상숭배가 없다.

한 벌의 무명 옷과 한 끼의 식사를 마주한 사제

나는 어느 한 쪽만 지지하는 것을 거부하면서, 한편에는 자신이 직접 참여하고 다른 한 편에는 자신의 군대를 빌려주겠다는 제안을 한다. 판다바 형제들은 크리슈나의 참전을 선택함에 따라 크리슈나는 아르주나의 전차를 모는 일을 맡게 되었다. 결국 판다바 5형제와 크리슈나를 제외한 모든 족장들은 죽음을 맞이하였고, 판두의 장남 유디슈트라가 왕위를 계승하였다.

전쟁이 끝나고 크리슈나가 드바르카로 돌아온 어느 날 야다바족의 지배 세력 간에 한 차례의 큰 싸움이 일어났고, 그 와중에 형 빌라라마와 아들이 죽게 된다. 크리슈나가 슬퍼하며 숲속에 앉아 있었는데, 사냥꾼이 그를 사슴으로 착각해 화살을 쏘았는데, 그만 그 화살이 그의 약점인 발뒤꿈치를 맞는 바람에 크리슈나는 죽음을 맞이하였다.

어린 사제

크리슈나는 사랑의 신이자 목동의 신이지만, 위대한 대서사시 《마하바라타》에서는 인간을 도와 대전쟁의 한복판에 서 있는 인간적 신으로 묘사되어 있다. 추방된 지 13년째 되는 해에 판다바 형제들은 마츠야족 궁정에서 보호를 받으며 판찰라족과 동맹을 맺고 쿠르크셰트라 평원에서 쿠루족 연합 세력과 18일 동안 치열한 전투를 하게 된다. 이때 아르주나 왕자는 자신이 죽여야 하는 이들이 스승이며 친척임을 알고 고뇌에 빠진다. 골육상잔의 전쟁으로 인해 깊은 슬픔에 빠진 아르주나 앞에 나타나 "싸우라"고 조언하는 이가 바로 크리슈나 신이다. 그리고 이들이 주고받은 대화만을 따로 뽑아 엮은 책이 《바가바드 기타》(산스크리트어로 '거룩한 자의 노래'란 뜻)이다. 이 서사시에서 말하는 전쟁이란 인간 마음속의 갈등과 모순을 니디내는 내면의 전쟁일 것이다. 크리슈나 신은 이러한 인간의 내면적 갈등을 함께 고민하며 궁극적으로 나가야 할 방향을 말해준다. 그것은 무엇이든 자신의 의무를 성실히 수행함에 대한 중요성을 일깨워준다.

"큰 강에 도착한 사람에게는 더 이상 작은 우물과 시냇물이 필요하지 않다. 삶의 위대한 뜻은 결과를 바라지 않고 본분에 충실할 때 얻어진다. 행동의 성공과 실패에 연연하지 않고 최선을 다할 때 우주와 하나가 되는 경지에 이르는 것이다."

마줄리 섬의 사제들은 이와 같은 크리슈나 신의 가르침을 실현하기 위해 모든 집착을 내려놓고 그들의 본분을 수행하고 있는 것은 아닐까.

... 마줄리 섬의 비슈누 신화를 찾아서 ...

▌비슈누의 첫 번째 현신 마츠야는 물에 대한 재앙으로부터 인류를 구한 신이다. 옛날에 성자 마누가 고행을 하고 있을 때 물고기 한 마리가 나타나 자신을 살려주면 은혜를 갚겠다고 말한다. 마누는 자비심을 발하여 물고기를 작은 어항에 담아 키우다가 몸집이 커지자 결국에는 바다에 놓아주었다. 마누의 자비심에 감동한 물고기는 앞으로 홍수가 날 것이니 배를 만들어 위험을 피하도록 말해주었다. 마누는 배를 만들고 동물들 한 쌍씩, 그리고 식물 씨앗을 배에 준비하였다. 대홍수가 나고 세상이 물에 잠겼을 때 뿔 달린 물고기 마츠야나 나타나 배를 히말라야로 끌고 가서 물이 빠지기를 기다렸다. 마누는 배에 싣고 온 생명의 씨앗으로 세상을 다시 창조했다. 그리고 신에게 기도를 올리자 아름다운 여인이 나타나 결혼하니 지금의 인류가 탄생하였다.

아우니 아티 사트라에 보관된 거대한 물고기상은 비슈누의 첫 번째 화신 마츠야를 상징한다.

302

인도에서 마스크를 만드는 것으로 유명한 샤마구리 사트라의 나라싱하.

▌'나라싱하'는 '사자인간'이라는 의미이며, 악마 히란냐야카시푸를 죽이기 위해서 비슈누의 네 번째 화신으로 태어났다. 비슈누의 세 번째 화신인 멧돼지 바라하가 물리친 악마에게는 쌍둥이 형인 히란야카시푸가 있었다. 악마 히란야카시푸는 형의 죽음에 대한 복수를 맹세한 후 목적 성취를 위해 철저한 고행을 했고, 그 공덕으로 브라마로부터 "신, 인간, 동물, 그 어떤 존재도 그를 죽일 수 없으며, 집 안에서든 밖에서든 죽일 수 없으며, 밤에도 낮에도 죽이지 못한다"는 은총을 받았다. 시바를 숭배하는 히라니야카시푸는 비슈누 숭배인 아들 프라홀라다에게도 시바교로 개종하라고 하지만, 말을 듣지 않자 아들까지도 죽이려고 한다. 불의를 보다 못한 비슈누는 이 악마를 물리칠 묘안을 짜낸다. 비슈누는 브라마의 예언 중에서 결점을 찾아 신도 인간도 동물도 아닌 반사자 반인간의 몸을 갖고, 밤도 낮도 아닌 황혼 무렵에 집 안도 집 밖도 아닌 문지방에서 그를 단숨에 살해하게 된 것이다. 이후 나라싱하는 문지방의 신이 되었다.

■신화에 따르면, 가루다Garuda는 태양신 수리야의 마부(馬父) 아루나의 동생이다. 그의 어머니가 나가(뱀)에게 노예로 잡혔는데, 나가는 가루다에게 암리타(신들이 마시는 불로장생약)를 가져오면 어머니를 놓아주겠다고 했다. 가루다는 암리타를 훔치기 위해 신들이 사는 곳으로 갔다. 신들은 가루다의 의도를 이미 알고 있었기 때문에 혼신의 힘을 다해 가루다를 막아냈다. 하지만 가루다는 사방에서 날아드는 신들을 물리치고 결국 암리타를 손에 넣었다. 돌아오는 도중에 비슈누를 만났는데, 그의 탈것이 되어주면 암리타를 마시지 않고도 영원히 살게 해준다는 제안을 받아들였다. 가루다는 머리에 왕관을 쓰고 금빛 몸에 새하얀 얼굴, 붉은 날개, 독수리의 부리와 발톱을 갖고 있는 모습으로 묘사된다. 두 팔은 경배하는 모습으로 잡고 두 손에는 우산과 불로장생약 병을 들고 있다. 비슈누 신을 믿는 사람들은 이러한 가루다의 모습을 자신의 숭배심을 표시하는 방법으로 나타내곤 한다.

아우니 아티 사트라에 설치된 비슈누 신의 탈것인 가루다(Garuda)

아우니 아티 사트라 신전 입구

아우니 아티 사트라 회합 장소

타고르의 공동체, 산티니케탄
타고르의 교육 열정을 실현한 마을

첫 번째 인도여행에서 놓쳤던 곳이 산티니케탄Santiniketan이었다. 콜카타 하우라역에서 기차로 2시간 30분을 가서 볼푸르역에 내린 다음 릭샤로 다시 20분을 가면 비스바바라티 대학이 있는 산티니케탄에 도착한다. 이곳은 19세기 중엽까지는 명상의 터전으로 알려진 조용한 시골 마을이었다. 이 외진 시골 마을이 분주해진 것은 라빈드라나트 타고르Rabindranath Tagore(1861~1941)가 창의적이고 개방적인 학교를 세우면서부터였다.

타고르는 벵골 주 콜카타의 저명한 브라만 집안에서 열네 번째 막내아들로 태어났다. 그의 할아버지는 19세기 초 콜카타에 세워진 영국 동인도회사가 해체되는 과정에서 무역으로 막대한 부를 쌓았으며, 부친 데벤드라나트 타고르Debendranath Tagore(1814~1905)는 당시 벵골에서 '브라마 사마지Bramo samaj (브라마를 섬기는 모임)'를 통해 힌두교의 개혁에 관심을 두었고, '마하르시Maharshi (위대한 성자)'라는 호칭을 얻은 인물이었다. 그의 가문은 벵골의 지식들과 함께 인도 사회의 종교, 문화, 교육을 비롯한 모든 분야에서 '벵골 르네상스Bengal Renaissance'에 영향을 미쳤다.

1886년 부친은 친구를 만나러 산티니케탄을 방문했다가 그 지역의 드넓

타고르와 그의 아버지가 명상하던 장소인 차팀타라

은 평야에 마음을 빼앗겨 땅을 구입하게 된다. 그리고 1888년 조그만 집을 짓고 명상을 위한 아쉬람(공동체)을 열었다. 그 후 이 지역은 '산티니케탄'으로 불렸고, 타고르가 아버지의 아쉬람을 확장하여 1901년 5명의 소년을 받고 '브라마차리야 아쉬람'이라는 학교를 열면서 본격적인 교육 실험에 들어 갔다.

사실 어린 시절 타고르는 브라만 가문의 배경 덕분에 최고의 교육을 받았지만, 억압적인 학교교육에 적응하지 못해 성적은 늘 바닥을 면치 못했다고 한다. 결국 그는 1875년 열네 살이 되던 해 정규교육을 포기하고 여러 문학 잡지에 시를 발표하면서 시작 활동에 몰두하였다. 1878년 영국으로 유학을 떠났지만 아무 소득도 없이 귀국한 타고르는 1880년 이후 집안의 재산을 관리하며 창작 활동을 이어나갔다.

... 타고르 하우스 둘러보기 ...

'타고르 하우스'라고 불리는 우타라얀(Uttarayan) 안에는 다섯 채의 건물이 있다. 우다얀(Udayan), 코나르크(Konark), Shyamali(샤말리, 진흙집), 푸나스차(Punascha), 우디치(Udichi). 우타라얀 내에서 가장 먼저 세워진 코나르크 주변은 오랜 시간이 만들어낸 퇴색함이 묻어 있지만, 이는 오히려 건물을 운치 있게 만들어주고 있다.

우타라얀 내의 푸나스차(Punascha).

1936년 타고르는 넓은 테라스가 있는 푸나스차로 옮겨 와 생활하였다. 테라스 주변으로 나무와 꽃과 새가 어우러진 아름다운 풍경을 보여준다.

1901년 학교 설립을 시작으로 타고르의 다양한 실험은 계속 이어졌다. 자연친화적 교육을 시행하면서 예술적 감수성을 키우고, 여성 교육에 힘쓰는가 하면, 1912년에는 산티니케탄 근처 마을인 스리니케탄Sriniketan의 농촌 마을과 협력하여 영농개발센터를 만들어 농업공동체의 꿈을 만들어갔다. 1922년부터는 학생들에게 가죽 세공, 직조, 도자기, 목공예, 염색 등 한 가지 이상의 분야를 공부하도록 하여 200여 개의 영농공동체를 만들기도 했다. 지금도 '아마르쿠티르Amar Kutir(나의 오두막집)' 공동체에서는 박티Batik(밀납 염색) 제품이나 가죽 제품 등 다양한 핸디메이드 제품을 생산, 판매하고 있다. 인도적 색깔을 담은 이 수공예품들은 외국인들에게 인기가 많다.

1918년에는 동서양의 만남을 중시하면서 비스바바라티 대학을 설립하는가 하면, 1927에는 비스바바라티 중앙은행을 설립할 정도로 하나의 완벽한 공동체를 위한 인프라를 구축해나갔다.

야외 수업중인 학생들. 초등학교와 중고등학교에서는 오전 6시에 시작하여 오후 1시경에 수업이 끝난다. 수업이 끝나면 학생들은 전통 악기, 춤, 그림, 공예 등을 배우면서 오후 시간을 보낸다.

산티니케탄 인근 농촌 공동체 마을 아마르쿠티르에 세워진 타고르 동상. 이곳에서는 마을 주민들이 만든 수공예품들을 판매하고 있다.

바로 여기라네.
내가 고독과 대면하던 곳이.
아무도 몰랐고,
또 아무에게도 말하지 않았지.
고독과의 이 만남들을….

공동체의 꿈에 대한 그의 열정은 계속되었다. 농업이 전체 산업의 70퍼센트 이상을 차지하는 인도 사회에서 농민들에 대한 계몽은 필연적이며 절대적이었음을 그는 일찍이 깨달았다. 인도 정부의 노력보다도 50년이나 앞서 시작한 그의 이러한 열정은 오늘날 빛나는 귀감으로 살아 있는 것이다. 하지만 아무도 가본 적 없는 길을 여는 선각자의 길이 어찌 고독하지 않았을까.

개인적 시련과 영광은 비슷한 시기에 찾아왔다. 시련은 인간을 달련시키면서 그 열매를 안겨준다. 1900년 아내의 죽음과 1905년 부친의 사망에 이어, 심지어 아들과 딸을 잃는 마음의 고통을 겪게 된다. 더군다나 학교 및 공동체 사업에서도 재정난이 심해져 현실적 어려움에 부딪쳤다.

1880년대에 몇 권의 시집을 낸 뒤 《아침의 노래》(1883)를 통해 작가로서 이름을 알린 타고르는 1890년 아내와의 유럽 여행 후 완성한 《마나시Manasi》로 문단의 인정을 받았다. 그리고 몇 년 동안 이어진 가족들의 죽음은 그에게 슬픔과 고통을 안겨주었지만, 그 아픔들은 시로 승화되었다. 1912년 영국으로 가는 배에서 《기탄잘리》에 수록된 157편의 시 가운데 50여 편을 직접 영어로 번역하여 런던의 한 영국인 친구에게 그 원고를 보내주었는데, 그 친구는 이 원고를 주위의 문인들에게도 보여주었다. 당시 유명 시인인 예이츠는 그의 원고에 감탄하여 서문을 써주었고, 《기탄잘리》의 해외 출간이 이루어졌다. 1913년 영어판 《기탄잘리》로 타고르는 노벨문학상을 수상하는 기쁨을 누리게 되었다. 아시아인으로는 최초의 일이었다.

노벨문학상으로 받은 상금은 당시 공동체 재건을 위해 쾌척되었다고 한다. 이 금액은 재정난에 빠진 당시 상황에서 단비와 같았을 것이다. 그리고 그의 이상적 공동체를 완성시켜 나갈 수 있게 만들었다. 하지만 이 시기는 인도 역사에서 식민 통치의 암흑기였다. 1915년 남아프리카에서 인권변호사로 활동하던 간디는 귀국하자마자 여러 차례 산티니케탄으로 타고르를 찾아와서 인도 독립 투쟁에 함께해 줄 것을 부탁한다. 하지만 타고르는 교육의 중요성을 역설하며 간디의 투쟁 방식과는 거리를 두었다. 서로 다른 길을 걸었지만, 인도의 가난한 민중들을 위한 그들의 마음과 이상은 하나였다.

모든 종교의식이 허용되는 몬딜

위대한 성자는 1941년 7월 30일에 병으로 수술을 받았지만, 병세가 악화되어 8월 7일 80세의 나이로 세상을 떠났다. 자신의 죽음을 예감하며 남긴 시를 통해 영원한 아트만의 세계를 향해 항해하고 있을 그를 위로해본다.

　　저 평화로운 바다에
　　위대한 조타수가 배를 띄우네.
　　그대 영원한 반려자여
　　죽음의 사슬이 사라지고
　　광대한 우주의 품에 그대 안기리.
　　두려움 모르는 그대 가슴 속에서
　　위대한 미지를 감지하리.

몬딜에서는 매일 아침 타고르를 추모하는 예배가 열린다.

... 산티니케탄 공동체 마을 둘러보기 ...

인도의 유명한 현대 화가들을 배출한 미술대학의 칼라바반 캠퍼스 내 벽화 건물

종루와 시계탑 (1926년)

캠퍼스 내의 작은 인력거 서점

평화로운 캠퍼스의 분위기 속에서 생활하는 유치원 소녀들

인도 정치의 중심, 라즈파트
거대한 민주주의에 대한 실험을 이어가다

'라즈파트Rajpath'는 '왕의 거리'를 말한다. 인디아 게이트India Gate에서 대통령궁인 라쉬트라파티 바반Rashtrapati Bhavan까지 이어지는 길을 라즈파트라고 한다. 인도의 심장부 델리에 위치하여 정치적 영향력을 발휘하는 대통령궁과 정부청사, 행정부, 국회의사당 등이 이곳에 위치해 있다. 1772년부터 영국령 인도의 수도였던 콜카타를 델리로 이전할 것을 선포한 시기는 1911년이었다. 이듬해에 도시설계가 시작되었는데, 이곳의 건물들은 산치대탑의

라즈파트 길에서 바라본 대통령궁과 좌우의 정부청사 건물

대통령궁인 '라쉬트라파티 바반(Rashtrapati Bhavan)'

대통령궁을 중심으로 남쪽 권역에는 수상 관저와 국방부가 위치해 있고,
북쪽 권역에는 내무부와 재무부가 위치해 있다.

도움 형태를 본 따서 설계했다고 한다. 대공사 끝에 1929년 수도 델리가 완성되었고, 1931년에는 수도를 콜카타에서 델리로 이전하여 공식 업무를 재계했다.

인도 정부는 의회민주주의를 근간으로 하는 의원내각제의 체제를 유지하고 있기 때문에 실질적 권한은 총리에게 있고, 대통령은 하나의 상징적 존재로 교육과 국방을 통솔한다. 우리나라 국회와는 다르게 상원과 하원의 입법부 체계를 가지고 있고, 29개의 주를 총괄하는 연방정부와 주별로 주정부가 있다. 연방정부와 주정부 외에 인도의 수요 정당으로는 1885년에 창당되어 오랜 역사를 지닌 인도국민의회당Indian National Congress (INC), 1980년 결성된 힌두민족주의 정당인 인도인민당Bharatiya Janata Party (BJP), 그리고 신자유주의를 반대하는 인도공산당Communist Party of India (Marxist) (CPI(M)) 등이 있다. 국민의회당이 세속성을 표방한다면, 현재의 나렌드라 모디Narendra Modi 총리가 이끄는 BJP당은 힌두 민족주의를 표방하며 신자유주의를 적극적으로 받아들이고 있다.

무엇보다도 세계가 인도의 정치에 관심을 가지는 것은 8억 명 이상의 유권자를 가지고 있으면서 한 번도 군사적 개입 없이 민주주의를 실현하고 있

대통령궁에서 라즈파트로 일직선으로 이어지는 길 끝에는 인디아 게이트가 있다.

다는 점이다. 다양한 종교와 분파, 이념이 공존하는 거대한 대륙은 오늘도
민주주의에 대한 실험을 이어가고 있다. 영국 식민지 시대를 거치며 체득한
민주주의 의식은 개인적 자유에 대한 존중, 대화와 타협을 통한 문제 해결,
다수결에 대한 승복 등으로 나타난다.

  콜카타에서 만난 아삼의 지식인은 우리나라가 남과 북으로 나누어져 이념
적 갈등을 이어가고 있다는 사실에 대해 놀라워했다. 서로 다른 생각과 가치
를 인정하는 것이 무엇이 문제란 말인가. 물론 오늘날 공산주의자들도 머릿
속은 자본과 물질로 꽉 채워져 있음을 우리는 공감했다. 체제든 이념이든 종
교든 어느 한쪽에 대한 증오심이 문제일 것이다. 극단적 증오심을 갖지 않는
다면, 즉 상대방에 대해 관용적이라면 그 무엇이든 받아들이지 못할 것이 무
엇인가. 인도는 이슬람과 힌두라는 종교에 있어서 서로를 증오했고, 전쟁을
치렀으며, 결국 갈라섰다. 우리는 우익과 좌익이라는 이념에 있어서 서로를
증오했고, 전쟁을 치렀으며, 갈라섰다. 인도 민주주의의 위대한 실험의 한 구

석에 늘 도사리고 있는 도화선이나, 우리의 경제적 자신감 뒤에 도사리고 있는 도화선이나 위태하기는 마찬가지일 것이다. 그래서 정치란 증오심이 자라지 못하게 관리해야 하며, 증오심이 자라고 있다면 그 환경을 바꾸어 나가야 한다. 증오심을 키우는 정치나 정치가는 모두를 불행으로 이끌어갔음을 역사는 말해주고 있다.

비록 우리가 적극적으로 사랑하지 못한다면, 적어도 서로에 대해 관용적 태도를 가질 수 있다면 세상이 좀 더 평화로울 것은 분명하다. 증오심을 끝내는 일, 그래서 관용을 배우는 일, 그것이야말로 첫 번째와 두 번째 인도여행에서 얻은 가치일 것이다. 물론 이러한 관용이 소극적 방식일 수 있으나, 힘없고 약한 이들에게는 좀 더 적극적 사랑이 필요할 수 있으나, 역사는 그에 대한 아이러니 또한 보여준다. 힘없고 약한 이들이 적극적 사랑이라는 이름으로 이용당한 사례는 부지기수이지 않은가. 부처, 간디, 타고르, 그리고 모든 성자들이 나와 다른 이들을 포용하는 관용을 중요시했다는 점은 깊이 생각해볼 일이다.

긴 여정 속에서 발견한 관용의 가치

첫 번째 여행은 1998년과 2000년 사이 인도 유학 중에 이루어졌다. 방학을 이용해 인도 전 지역으로 배낭여행을 떠났다. 기억 속 그 시절 델리는 여름이면 황량한 벌판에 강렬한 태양이 내리쬐고, 겨울이면 자욱한 안개 속에서 몸을 떨게 만들었다. 그 몽환적 안개 속 델리를 떠나면서 시작된 첫 번째 여행은 다양한 인도 역사의 현장을 찾아다닌 역사 문화 기행이었다.

두 번째 여행은 인도에서 돌아온 지 17년 만에 이루어졌다. 쓰나미 같이 휩쓸려 가는 글로벌 세계 속에서 나를 위한 힐링이 필요했다. 인도인들에게 '성자의 강'으로 알려진 갠지스 강과 브라마푸트라 강의 줄기를 따라가는 힐링여행이었다. 델리를 시작으로 바라나시를 거쳐 아삼 지역의 차밭과 오지의 섬으로 알려진 마줄리 섬, 그리고 식민 역사의 현장을 간직한 콜카타와 타고르의 마을 산티니케탄에 이르는 한 달 간의 긴 여정이었다.

인도는 얼마나 변해 있을까. 설레는 마음을 안고 인디라 간디 국제공항에 내린 순간, 모든 것이 변했음을 알아채는 데는 얼마 걸리지 않았다. 지금 눈앞에 펼쳐진 광경은 과히 최첨단의 자본주의를 느끼기에 충분했다. 연평균 경제 성장률 7~9퍼센트의 현실을 실감하게 하는 변화였다. '거대한 코끼리가 눈을 뜨며 걸음을 시작한다'는 표현은 인도의 경제 성장을 에둘러 표현한 말이다.

인도아대륙이 깨어나 10억 명의 인도인들이 새로운 삶을 찾아 분주하다. 델리는 그렇게 공장을 늘리고 자동차를 늘리고 사람을 늘리며 기하급수적으로 팽창한 듯했다. 겨울인데도 기온이 17도를 육박하는 이상 기후를 보였고, 미세먼지는 세계 최악이었으며, 거리의 자동차들이 쉴 새 없이 경적을 울려 대는 바람에 정신이 쏙 빠질 지경이었다. 더군다나 흉흉한 범죄는 나날이 늘어나 신문지상을 채우고 있었다. 세계 어느 도시 사람들처럼 스마트폰과 별다방에서 자신의 정체성을 찾기에 급급한 모습은 또 어떤가. 20여 년의 세월이 흘러 변화된 인도의 모습 속에서 나는 무엇을 보았다고 말할 수 있을까. 이제 그들도 우리처럼 세계 시민이 되었으니 무시하지 말자고 말할 것인가. 삼성폰과 현대차에 열광하는 그들을 보며 우리가 그들을 식민화하고 있다고 말해야 할까.

그럼에도 불구하고 인도 구석구석에는 아직도 그들만의 문화가 살아 있음을 보았다. 인도 고대의 텍스트들은 아직도 살아 있고, 그 이야기들은 신화가 되어 인도인들의 삶 깊숙이 자리 잡고 있었다. 수억 명의 삶은 수많은 이야기들을 만들어내면서 또 하나의 문학이 되고 문화가 되고 종교가 되었다. 과거의 영광과 상처는 곳곳에서 감지되고, 오래된 도시의 흔적으로 남아 있었다.

오랜 역사 속에서 인도는 용광로와 같았다. 언제 터질지 모르는 일촉즉발의 상황 속에서도 인도인들은 지혜를 갈구했으며, 그 지혜를 토대로 평화를 꿈꾸었다. 때때로 이민족들의 침입으로 인해 고난의 시간을 견디어내야 했지만, 그들은 참고 또 참으며 평화의 땅을 만들어나갔다. 비록 우리의 눈에는 많은 갈등과 부조리가 뒤섞인 것으로 보이지만, 대다수의 인도인들은 척박한 환경에 좌절하지 않고 자신들의 질서 속에서 지금 이 생을 누구보다 열심히 살아가고 있다. 더 나은 내일을 위해, 내세를 위해….

나의 삶 또한 그 길 어딘가에 위치하고 있는 것 같다. 궁극적으로 평화를 갈망하는 삶. 지혜를 찾아가는 긴 여정 속에서 관용의 가치를 재발견했다고 말하고 싶다. 그것은 '사랑', '어짊(仁)', '자비'의 또 다른 이름이었다.

인도 역사 연표

BC

3000~2500 인더스 강을 따라 인
더스 문명이 형성됨. 현재 파키스
탄에 속하는 모헨조다로와 하라파
그리고 로타르 지역에서 고도로 발
달된 문명의 흔적들이 발견됨.

1500 중앙아시아로부터 침입해 들어온 아리아
족 침입. 인더스 문명의 주인공인 드라비다족은
현재의 남인도 타밀 나두 지역으로 물러남.

1500~1000 리그 베다 시
대. 아리아족의 힌두이즘이
나타남. 힌두교의 성전인 베
다가 이 시기에 형성된 것으
로 추정함. 신분제도인 카스트 제도도 성립됨.
농업 활동이 증가함.

1000~600 후기 베다 시대.

566~486 석가모니 불교 창시.

546~468 마하비라 자이나교 창시.

545 마가다 왕국 창건.

519 페르시아의 아케메네스 왕조 북부 인도
침입.

413 마가다 왕국 멸망.

362~321 난다 왕조 창건.

326~325 알렉산드로스 대
왕이 인도로 침입했다가 물
러남. 간다라 미술에 영향을
줌.

321 찬드라굽타, 인도 최
초의 통일 왕조인 마우리아
왕조 창건.

269~233 아소카, 마우리
아 왕조 통치.

261 아소카, 칼링거 왕조와의 전쟁에서 승리.
이때 전쟁의 참혹한 실상을 깨닫고 불교에 귀의
함. 이후 폭력이 아닌 다르마(법)에 의한 통치 이
념을 알리는 윤리 칙령들을 인도 영토 구석구석
에 남김. BC 236년경 아소카 사후, 마우리아
왕조는 급속히 쇠퇴. 뒤를 이어 여러 왕조들이
출몰을 거듭함.

250 파탈리푸트라에서 불교도 제3결집.

185 마우리아 왕조 멸망.

185~173 숭가 왕조 통치.

150 산치 대탑 건립.

80 샤카 왕조 창건.

AD

40 카드피세스 1세에 의한 쿠샨 왕조 창건.

78(120)~144 3대 카니
슈카 쿠샨 왕조 통치. 아
소카보다 더 엄격하고 헌
신적인 불교 신자로 불교
를 널리 전파함. 카슈미
르에서 종교회의를 개최하고 대승불교 채택.

100~200 간다라와 마투라의 조각 형성. 인간
적 모습을 한 부처상이 등장함. 그리스로마풍의
자연주의·현실주의에 바탕을 둔 예술.

320 찬드라굽타 1세 굽타 왕조 창건.

375~413 찬드라굽타 2세에 의한 굽타 왕조의
전성기. 아잔타 석굴들이 조성되고, 산치, 사르나

트 등이 불교 성지로 꾸며짐.

405 나란다 불교대학 건립.

600 굽타 왕조가 쇠퇴하면서 남인도에 잔류하던 힌두교가 다시 북인도에까지 영향을 끼치며 득세함. 1200년대에 이르기까지는 크고 작은 왕국들이 인도 전국에서 출몰함. 작은 왕조로 전락한 굽타 왕조는 1200년 무렵까지도 그 명맥을 유지했음.

600~630 마헨드라 바르만 1세, 팔라바 왕조 창건.

608~642 풀라케신 2세, 찰루키아 왕조 창건.

700 라슈트라쿠타 왕조의 엘로라 석굴 조성.

711 무슬림의 신드 지방 침입.

740 찰루키아에 의한 팔라바 왕조 멸망.

750 동인도에서는 팔라 불교 왕조가 일어나 불교를 인근의 미얀마 등지로 확산시킴.

757 라슈트라쿠타 왕조에 의한 찰루키아 왕조 멸망.

850~1267 촐라 왕조 통치.

900 남인도에 근거를 둔 촐라 왕조가 북부 인도 지역까지 장악하면서 동남아시아까지 영향을 미침. 남부에 근거를 둔 힌두 왕조들이 출몰하고, 북부에선 불교가 완전히 쇠퇴함.

988~1030 아프가니스탄의 마흐무드 가즈니가 회교 군주로서는 첫 번째로 인도에 침입. 이때 당시 많은 힌두 사원들과 불교 성지들을 유린함.

1110 비슈누다르다나 왕조 창건.

1191 제1차 타라인 전투.

1192 무하마드 구루가 타라인 전투에서 프리트비라즈 힌두 연합군 제압.

1192~1193 쿠트브 우드 딘 아이박의 델리 장악. 인도의 무슬림 지배 시작.

1206~1290 노예 왕조 통치.

1231~1232 쿠트브 미나르 탑의 건조.

1241 몽고족, 라호르 장악.

1290~1320 킬지 왕조 통치.

1320~1424 투르락 왕조 통치.

1336~1565 비자야나가르 왕조 통치.

1345 바흐마니 왕조 창건.

1398 사마르칸트에서 일어선 티무르의 델리 침공. 한편 회교 세력에 의해 장악된 북부와는 달리 남부에는 힌두 왕조가 존속함.

1440~1518 카비르의 박티 운동. 이슬람교도로서 신비사상의 영향을 많이 받은 카비르는 힌두교로 개종하여 윤회·업·해탈 등의 개념을 받아들임.

1450~1526 로디 왕조 통치.

1469~1538 구루 나나크의 시크교 창시.

1498 포르투갈 출신 바스코 다 가마가 케랄라의 캘리커트에 상륙.

1504 바부르의 카불 장악.

1510 포르투갈의 고아 장악.

1511 바부르의 사마르칸트 탈환.

1526 바부르의 무굴 왕조 창건. 델리의 술탄 로디 왕조를 무너뜨린 후 200여 년을 유지함.

1530 후마윤 즉위.

1556~1605 아크바르 대
제의 통치. 라자스탄을 기반
으로 탄탄하게 자리 잡고 있
던 강력한 힌두 세력인 라지

푸트(무사 계급 출신 지배자)들을 제국의 군사
책임자로 기용했을 뿐 아니라 유능한 힌두 출신
들에게 고위 문관직을 맡겼던 무굴 제국 최고의
지배자. 종교에도 깊은 관심을 가졌던 그는 회
교, 힌두교, 기독교 등을 취합하여 딘-이-일라
히(경신교)라는 이름의 새로운 종교를 창시하기
도 함. 그의 건축물로는 파테푸르 시크리와 아그
라 성이 있음.

1565 비자야나가르 왕조 멸망.

1571 아크바르, 파테푸르
시크리 건설.

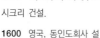

1600 영국, 동인도회사 설
립.

1602 네덜란드, 동인도회사 설립.

1605 자한기르 즉위.

1612 영국의 동인도회사가 처음으로 인도 주
재 상주처인 무역소를 구자라트에 설립.

1628~1657 샤자한 통치.
아그라의 타지마할과 델리의
레드 포트, 자마 마지드 등
거대한 건축물들을 남김. 자
신의 뒤를 이은 아들 아우랑
제브에 의해 아그라 성에서
8년간 갇혀 있다가 1666년
사망.

1632 타지마할 축조.

1639 영국의 동인도회사,
첸나이(마드라스)에 성 조지 포트 건설.

1648 무굴 제국의 수도를 아그라에서 델리로
천도.

1653 타지마할 완공.

1658~1707 아우랑제브의 통치. 25년의 통치
기간 동안 그는 인도를 회교의 나라로 바꾸는 것
을 목표로 삼았으며, 끊임없는 전쟁을 일으켰음.

1659~1680 시바지가 마라타 힌두 세력을 통
합하여 무굴 제국에 대항함.

1661 뭄바이가 포르투갈에 의해 영국에 양도
됨.

1664 프랑스 동인도회사의 활동 시작. 시바지
수라트 공격.

1668 영국 동인도회사,
뭄바이에 무역소 개설.

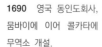

1690 영국 동인도회사,
뭄바이에 이어 콜카타에
무역소 개설.

1674 퐁디셰리에 프랑스
근거지를 세움. 시바지 왕
위 등극.

1681 아우랑제브, 데칸
의 아우랑가바드에 새 수도 건설.

1698 영국의 새로운 동인도회사 출범.

1702 두 개의 영국 동인도회사 통합.

1723 프랑스 동인도회사 재조직.

1744~1748 제1차 영국·프랑스 전쟁.

1749~1754 제2차 영국·프랑스 전쟁.

1757~1761 제3차 영국·프랑스 전쟁.

1756 무굴 제국의 벵골 나와브 태수인 시라지
웃다울라가 영국 동인도회사의 밀무역이 벵골
경제에 타격을 준다고 항의하며 영국인들을 추
방함.

1757 인도와 영국 동인도회사 사이의 전쟁이

본격화됨. 벵골 나와브는 프랑스와 연합하여 플라시에서 영국에 대항했지만, 영국에 의해 격퇴됨. 영국은 플라시 전투에서 프랑스를 물리침에 따라 벵골 지방의 통치권과 무역 독점권을 장악함. 이로써 영국은 벵골을 지배하게 되었고, 인도 전체를 식민지로 만드는 첫 번째 계기가 됨.

1757~1760 로버트 클라이브가 벵골 지사로 임명.

1760 완디와시 전쟁.

1761 프랑스의 퐁디셰리가 함락당함.

1765~1767 영국 동인도회사 벵골의 조세징수권 획득.

1769~1770 대기근.

1772 워런 헤이스팅스 벵골 지사 임명.

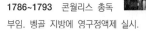

1773 인도 통치규제법 통과.

1774~1785 초대 인도 총독으로 워런 헤이스팅스 부임.

1778~1782 마라타 왕국이 영국과 벌인 제1차 마라타 전쟁.

1786~1793 콘월리스 총독 부임. 벵골 지방에 영구정액제 실시.

1798~1805 웰슬리 총독의 영토 확장 정책. 하이데라바드와 종속 계약.

1800 캘커타에 포트 윌리엄 대학 설립.

1813 동인도회사의 특허법 제정. 자유무역과 선교 활동을 인정.

1817~1818 제2차 마라타 전쟁.

1824~1826 제1차 미얀마 전쟁.

1828~1835 벤딩크 총독 부임.

1835 영어를 법정 언어로 채택.

1839~1842 제1차 아프가니스탄 전쟁.

1845~1846 제1차 시크 전쟁.

1848~1856 달하우지 총독의 영토 병합 정책 실시.

1848~1849 제2차 시크 전쟁. 펀자브 지방 병합.

1852 제2차 미얀마 전쟁.

1853 철도 개통. 인도 문관 선발에 공개경쟁시험제도 실시.

1857 콜카타, 뭄바이, 첸나이에 종합대학 설립.

1857~1858 세포이 반란. 영국 통치에 대한 인도의 첫 번째 저항운동. 델리 인근의 미루트에서

촉발된 후 번져갔지만, 북부 지역에만 한정되었고 조직적이지 못한데다 대중적인 호응도 없어 영국의 승리로 끝났음. 그러나 이를 계기로 하여 동인도 회사는 인도 관리권을 영국 정부에 넘기게 됨.

1858 동인도회사의 지배 종식. 영국 정부의 직접 통치 시작.

1867 인도와 영국 사이에 전신 시설 개통.

1877 영국의 빅토리아 여왕 인도의 통치자가 됨.

1878~1880 제2차 아프가니스탄 전쟁.

1885 인도 독립의 견인차 역할을 하게 되는 국민회의 결성.

1885~1886 제3차 미얀마 전쟁. 상부 미얀마를 병합.

1899~1905 커즌 총독 부임.

1905 벵골 분할령.

1906 무슬림연맹 창설.

1911 수도를 콜카타에서 델리로 천도.

1915 남아프리카에서 변호사로 활동하던 간디 귀국. 국민회의에 가담하며 정치활동 시작.

1919 로울라트법 통과. 비무장 시민들에게 무차별 사격을 자행한 암리차르 학살사건으로 독립운동의 기폭제가 됨. 제3차 아프가니스탄 전쟁.

1920~1922 킬라파트 운동. 마하트마 간디의 비협력 운동 전개.

1930~1931 간디의 소금행진. 제1차 시민불복종운동 전개.

1935 인도 통치법 통과. 연방제 실시.

1937 미얀마 인도에서 분리.

1940 회교권의 지도자 무하마드 알리 진나의 무슬림연맹 파키스탄의 분립 결의.

1946 자와할랄 네루 수상 취임.

1947 인도의 독립. 초대 수상 네루는 영국 측이 제시한 회교권과 인도권의 분리 독립안에 동의하여 회교국인 파키스탄 탄생.

1948 분리 독립을 반대한 간디, 힌두 광신자에 의해 암살됨.

1950 인도공화국 공포.

1959 티베트의 달라이 라마가 인도로 망명. 히마찰프라데시 주의 다람살라에 망명정부 수립.

1962 중국과의 국경 분쟁.

1965 파키스탄과의 국경 분쟁.

1966 부친 네루를 이어 정치에 투신한 인디라 간디 수상 취임.

1971 파키스탄과의 분쟁. 동파키스탄이 방글라데시라는 이름으로 독립국이 됨.

1977 힌두 민족주의 정당 자나타당(BJP) 집권.

1980 인디라 간디 재집권.

1984 인디라 간디, 시크교 경호원에 의해 암살됨. 라지브 간디 수상 취임.

1989 라지브 간디 총선에서 패배. 프라탑 싱 수상 취임.

1990 찬드라 세카르 수상 취임.

1992 선거운동차 첸나이에서 유세를 하던 라지브 간디가 암살당함.

1994 나라싱하 라오 수상의 개방 정책 성공.

2004 인도 총선에서 자나타당(BJP)이 패배함으로써 신임총리에 국민회의당 소냐 간디 취임.

2008 뭄바이 타지마할 호텔 테러 사건.

2009 인도 총선에서 국민회의당이 주도하는 통일진보연합(UPA) 승리. 이 선거에서 네루 가문의 5세대로 라지브 간디 수상의 아들인 라훌 간디가 주목 받음.

2010 한국-인도 FTA 발효.

2016 모디 총리 한국 방문.